Karl-Joachim Hölkeskamp

Rekonstruktionen einer Republik

Die politische Kultur des antiken Rom und die Forschung der letzten Jahrzehnte

R. Oldenbourg Verlag München 2004

Bibliographische Information Der Deutschen Bibliothek

Die Deutsche Bibliothek verzeichnet diese Publikation in der Deutschen Nationalbibliographie; detaillierte bibliographische Daten sind im Internet über <http://dnb.ddb.de> abrufbar.

© 2004 Oldenbourg Wissenschaftsverlag GmbH, München
Rosenheimer Straße 145, D-81671 München
Internet: http://www.oldenbourg-verlag.de

Umschlaggestaltung: Dieter Vollendorf, München
Gedruckt auf säurefreiem, alterungsbeständigem Papier (chlorfrei gebleicht).
Gesamtherstellung: R. Oldenbourg Graphische Betriebe Druckerei GmbH, München

ISBN 3-486-64439-4

Rekonstruktionen einer Republik

HISTORISCHE ZEITSCHRIFT

Beihefte
(Neue Folge)

Herausgegeben von Lothar Gall

Band 38

R. Oldenbourg Verlag München 2004

Inhalt

Vorwort 7

I. Von der Provokation zur Diskussion: Plädoyer für eine
Fortsetzung. 9

II. „Wirklichkeit" contra „System": Konventionelle
Konzeptualisierungen einer „Verfassung" 19

III. Vom „System" zu den „Strukturen": Neue Fragen
nach den gesellschaftlichen Bedingungen politischen
Handelns 31

IV. Von den „Strukturen" zu den „Begriffen": Probleme
der (Selbst-)Konzeptualisierung einer fremden
Gesellschaft 49

V. Von den „Konzepten" zur „politischen Kultur": Horizonte
und Chancen theoriegeleiteter Ansätze 57

VI. Zwischen „Aristokratie" und „Demokratie": Jenseits einer
überholten Dichotomie 73

VII. Konkurrenz und Konsens: Notwendige Voraussetzungen
einer kompetitiven Kultur 85

VIII. „Symbolisches Kapital" als „Kredit": Suche nach dem
Kern des Konsenses 93

IX. Zusammenfassung: Eine neue Alte Geschichte und ihre
Aktualität 107

Abkürzungen 115

Literatur 117

Vorwort

Die hier vorgelegte Arbeit hat eine längere Vorgeschichte. Der Text beruht einerseits auf Vorträgen, die ich in Greifswald, Bonn, Trier, Innsbruck und an einigen anderen Orten gehalten habe, und andererseits auf den einleitenden und zusammenfassenden Ausführungen, die ich zu der Sektion „Vertrauen in die Macht des Namens. Gentilcharisma und Familientradition in der Mittleren Republik" auf dem 44. Historikertag in Halle/Saale im September 2002 beigetragen habe.

An den Reaktionen der Publica war über die Jahre geradezu abzulesen, wie das Interesse an der Thematik zunahm. Zumindest zu Anfang der neunziger Jahre herrschte nicht zuletzt unter den Althistorikern selbst der Eindruck, daß die römische Republik ein zwar weites, aber auch recht abgeerntetes Feld sei – heute dagegen ist allgemein anerkannt, daß die politische Kultur dieser Republik derzeit eines der großen Themen des Faches ist. Schon daher erscheint es gerechtfertigt, eine wenigstens vorläufige Bilanz der diesbezüglichen internationalen Debatte zu ziehen, über die verschiedenen Ebenen und Probleme zu orientieren und dabei auch die Perspektiven und Potentiale aufzuzeigen, die eine weitere Beschäftigung mit der allgemeinen Frage und ihren konkreten Facetten lohnend erscheinen lassen.

Zudem war mir bei der Arbeit an einem Essay, der die Strukturen der *libera res publica* einem größeren historisch interessierten Leserkreis verständlich machen sollte[1], bewußt geworden, daß der Versuch einer umfassend dokumentierten, die Positionen möglichst präzise markierenden Gesamtschau der komplexen Thematik nützlich und vor allem klärend sein dürfte. Mir kam der Gedanke, daß ein solcher Forschungsbericht vielleicht auch bei den historischen Nachbardisziplinen auf Interesse stoßen könnte. In diesem Sinne ist der folgende Text zu verstehen – nämlich in erster Linie als Aufforderung an die altertumswissenschaftlichen Fachgenossen, eine wichtige und lebhafte Debatte fortzusetzen und sich weiter für Anregungen aus allen Nachbargebieten zu öffnen, und zugleich als Angebot an die mit ähnlichen Fragen befaßten Kollegen der anderen historischen Disziplinen, sich über diese Debatte zu informieren und sich daran zu beteiligen.

---

[1] *Karl-Joachim Hölkeskamp*, „Senat und Volk von Rom" – Kurzbiographie einer Republik, in: ders./Elke Stein-Hölkeskamp (Hrsg.), Von Romulus zu Augustus. Große Gestalten der römischen Republik. München 2000, 11–35.

Für kritische Fragen und Anregungen danke ich den verschiedenen Publica meiner Vorträge, den Referenten und Diskutanten der Sektion, namentlich Hans Beck, Harriet Flower und Uwe Walter, und den Kölner Mitarbeitern Frank Bücher und Tanja Itgenshorst, die verschiedene Versionen des Textes gelesen und korrigiert haben. Ich bin Lothar Gall und Hartmut Leppin sehr verbunden, daß die Arbeit an dieser Stelle und in dieser Form erscheinen darf. Der größte Dank gebührt wieder einmal Elke Stein-Hölkeskamp – nicht nur für Ermutigung, Rat und Tat: Ihr sei daher auch dieses Ergebnis meiner wissenschaftlichen Bemühungen gewidmet.

Köln, im Mai 2003   Karl-Joachim Hölkeskamp

I. Von der Provokation zur Diskussion: Plädoyer für eine Fortsetzung

Die anhaltende, ebenso angeregte wie anregende Debatte über die politische Kultur der römischen Republik begann bereits vor fast 20 Jahren. Zum ersten Mal seit Jahrzehnten stehen dabei nicht die zahllosen Einzelprobleme im Vordergrund, sondern grundsätzliche Fragen – nach Status, Rollen, Funktionen und Interaktionen von Volk und Volksversammlung, Senat und Magistraten und damit nach Charakter und Struktur der *libera res publica* insgesamt; nach dem Verhältnis von Beratung und Entscheidung, Gestaltung und Partizipation in der Politik dieser Republik und damit nach der Art ihrer politischen Kultur; nach angemessenen Begriffen für die eigentümliche politische Ordnung der „imperialen Republik" und damit nach der grundsätzlichen Bedeutung von Konzepten wie „Verfassung", „Demokratie" und „Volkssouveränität", „Verfahren" und „Ritual", „Stadtstaat" und „Staat(lichkeit)", „Aristokratie" und „Oligarchie", „Elite" und „politische Klasse".

Angeregt wurde diese durchaus internationale Diskussion von *Fergus Millar*, indem er jenen Grundkonsens radikal in Frage stellte, der bei allen Unterschieden hinsichtlich Ansätzen, Sichtweisen und Interpretationen in der Forschung seit fast einem Jahrhundert unumstritten gegolten hatte.[1] Es war bis dahin immer ausgemacht gewesen, daß die gesellschaftliche und politische Ordnung der *libera res publica* „aristokratisch", ja „oligarchisch" war, daß also alle Institutionen und Positionen der Macht von einer besonderen politischen Klasse beherrscht wurden, aus deren Reihen sich nicht nur Magistrate, Feldherren und Senatoren rekrutierten, sondern oft genug sogar die offiziellen Vertreter der breiten Schichten des Volkes, die Tribune der *plebs*. Man hatte immer vorausgesetzt, daß diese politische Klasse – oft als „Amtsadel" oder „Senatsaristokratie" bezeichnet – eine innerste exklusive Elite hatte, nämlich die eigentliche „Nobilität", die aus einer Kerngruppe jener Geschlechter bzw. Familien bestand, die mindestens einmal einen Consul gestellt hatten und die nun einen besonderen, zumindest faktisch erblichen An-

---

[1] *Millar*, Political Character; *ders.*, Politics; *ders.*, Political Power (Rezensionsartikel zu Raaflaub [Ed.], Social Struggles; *Hölkeskamp*, Entstehung); *ders.*, Popular Politics; *ders.*, Last Century (Rezensionsartikel zu CAH IX). Diese Beiträge sind jetzt wiederabgedruckt in *Millar*, Rome. In der Folge zitiere ich nach dieser Sammlung (s. dazu auch meine Rezension, in: SCI 21, 2002, 308–311).

spruch auf die höchste Magistratur hatten. Zugleich beherrschte die Nobilität den Senat, in den die (höheren) Magistrate nach ihrem Amtsjahr
regelmäßig zurückkehrten – der Senat galt als das institutionelle Zentrum der Aristokratie und damit als das eigentliche Entscheidungs- und
„Regierungsorgan".

Millar wirft dieser etablierten „Orthodoxie" eine „erstaunliche Ver-
zerrung" der Perspektiven respektive der relativen Bedeutung der zentralen Institutionen der Verfassung vor und hält sie sogar für eine „völlig
falsche" Konzeptualisierung der politischen Ordnung insgesamt, und
zwar gleich in zwei fundamentalen Hinsichten. Zunächst war für ihn
nicht der Senat, der kein „Parlament" und erst recht keine „Legislative"
im Rahmen eines „repräsentativen" Regierungssystems gewesen sei,
die entscheidende Instanz der republikanischen Verfassung, sondern das
Volk, also die in den Volksversammlungen institutionalisierte Bürgerschaft, der *populus Romanus* selbst. Konkret wirft *Millar* der traditionellen Forschung vor, diese an sich unstrittige institutionalisierte Partizipation des Volkes von vornherein als bloß „formal", allenfalls
„passiv" und „nominell", ja als „konstitutionelle Fassade" und sogar als
„von oben gesteuerte Farce" abgewertet zu haben.[2] Seit *Matthias Gelzers* klassischem Buch über die „Nobilität"[3] habe man mit größter
Selbstverständlichkeit für ausgemacht gehalten, daß das römische Volk
und die gesamte Bevölkerung Roms, Italiens und des Imperiums in ein
verzweigtes und dichtes, ja geradezu lückenloses Netz von horizontalen
und vertikalen Patronagebeziehungen und Clientelbindungen, Abhän-
gigkeits- und Verpflichtungsverhältnissen eingebunden gewesen sei –
und zwar die „herrschende Klasse" selbst ebenso wie alle anderen Gruppen der Bürgerschaft bis hinunter zu den breiten Schichten der Plebs
und der Provinzialen. Ebenso selbstverständlich, aber ohne irgendwelche eindeutigen Indizien, habe man daraus auch gleich noch gefolgert,
daß diese Beziehungsgeflechte regelmäßig eine sichere Kontrolle und
Steuerung aller Abstimmungen, des Gesetzgebungs- und Gerichtsver-
fahrens und insbesondere der Wahlen zu den höchsten Ämtern durch
eine sich (eben dadurch) dauernd selbst reproduzierende „Oligarchie"
gewährleistet hätten – das sei letztlich die Grundannahme, auf der die
bis heute allgemein akzeptierte „Fiktion einer kollektiven parlamentari-

---

[2] *Millar*, Rome, 111, 124, 127, 137 u.ö. und jetzt *ders.*, Crowd, 1, 4 ff., 197 ff., und
passim.
[3] *Gelzer*, Nobilität, in: ders., Kleine Schriften, 17–135; Neuausgabe 1982.

schen Herrschaft durch den Senat" bzw. durch diese „Oligarchie" beruhe.[4] Damit nicht genug – daraus ergibt sich für *Millar* eine zweite grundsätzliche Frage, die er erst jüngst in seiner mittlerweile bekannten provozierenden Weise so formuliert hat: „Gab es eine ‚herrschende Klasse‘, eine ‚Aristokratie‘ oder eine ‚Elite‘? War sie durch Abstammung definiert – und wenn ja, wie?" Natürlich, so *Millar* dann, habe es Patrizier gegeben, die „per definitionem Nachkommen früherer Generationen von Patriziern waren. Aber nichts garantierte einem Patrizier ein Amt, ein Priestertum oder einen Sitz im Senat." Und natürlich, so *Millar* weiter, habe es auch Leute „im öffentlichen Leben" gegeben, die als *nobiles* bezeichnet wurden – weil irgendeiner ihrer Vorfahren irgendwann einmal eine hohe Magistratur bekleidet hatte. Aber, so *Millar* wörtlich, der Begriff sei „social or political, not constitutional": Als *nobilis* zu gelten sei in keiner Weise vergleichbar etwa mit einem englischen *peer* und seinen erblichen konstitutionellen Rechten. Davon könne im Falle der römischen Republik keine Rede sein, so *Millar* kurz und bündig: „Selbst eine Person, die sowohl *patricius* als auch *nobilis* war, mußte sich um die Ämter bewerben" bzw. um sie konkurrieren – diese Konkurrenz soll also nach seiner Vorstellung ausschließlich zwischen individuellen Akteuren stattgefunden haben, die jeweils für sich dem (Wahl-) Volk gegenübergetreten seien und die eigentlich keine spezifische kollektive Identität gehabt hätten. Denn die „Nobilität" oder überhaupt eine homogene patrizisch-plebeische politische Elite, „Aristokratie" oder „Oligarchie" habe es nie gegeben.[5]

Erst wenn man diese „Fiktionen" endlich aufgebe, könne man den wahren Charakter der *res publica libera* erkennen: Für *Millar* war die Republik eben nicht bloß irgendein „Typ eines antiken Stadtstaates", sondern eine „direkte Demokratie" – der klassischen athenischen Demokratie viel ähnlicher, als man habe wahrhaben wollen; damit zähle sie zu jener „relativ kleinen Zahl historischer Beispiele für politische Systeme", die überhaupt die Bezeichnung „Demokratie" verdienten.[6] Der *populus Romanus* sei der eigentliche Souverän gewesen – und dies keineswegs nur in einem abstrakten ideologischen und symbolischen

---

[4] *Millar*, Rome, 137, 145 f., 150, vgl. 92, 149 u.ö.; *ders.*, Crowd, 7 ff., 216 u.ö.
[5] *Millar*, Crowd, 4; vgl. auch *ders.*, Rome, 126 f., sowie 87, 90 ff., 95 f., 104 f., 111, 141.
[6] *Millar*, Crowd, 7, 11, 209 u.ö.; vgl. *ders.* Rome, 112, 132 ff., 138 ff., 148, 150, 158, 163 ff. u.ö.

Sinne. Denn allein das Volk in seinen verschiedenen Versammlungen, also in den *comitia centuriata*, den *comitia tributa* und den *concilia plebis*, habe das entscheidende letzte Wort der verbindlichen Beschlußfassung gehabt – und zwar eben nicht nur bei den Wahlen zu den Magistraturen, sondern auch bei den regelmäßigen Entscheidungen über Verträge, Krieg und Frieden, beim Urteilsspruch im Volksgerichtsverfahren, und vor allem bei der gesamten Gesetzgebung, deren weites Spektrum von Bürgerrechtsverleihungen, Coloniegründungen und Landverteilung über Privat-, Straf- und Prozeßrecht bis hin zum „Verfassungsrecht" gereicht habe.[7]

Auch tatsächlich, praktisch und alltäglich, so insistiert *Millar*, wurde Politik eben nicht hinter den verschlossenen Türen der Curia durch exklusive Senatszirkel gemacht, sondern auf dem Forum, Comitium oder Marsfeld, unter freiem Himmel in den zentralen öffentlichen Räumen des Stadtstaates Rom, vor dem dort versammelten Volk und vor allem durch dieses Volk selbst. Genau hier seien die erwähnten Akteure in jenen verschiedenen, teils sich ergänzenden, teils überschneidenden Rollen aufgetreten, die diese „direkte Demokratie" bereithielt – und das spiegelte sich auch im Bild der Überlieferung vom politischen Alltag wider: Nach *Millar* handelten diese Akteure als Inhaber eines Amtes oder als Bewerber; als Vertreter der Anklage oder als Anwälte der Verteidigung in Prozessen und nicht zuletzt als Antragsteller oder Befürworter bzw. als Gegner jener vielen Vorlagen, die dem Volk vorgetragen und erläutert werden mußten und die oft genug kontrovers diskutiert wurden, bevor eben dieses Volk schließlich darüber entschied. Überhaupt seien alle diese Rollen nur Facetten oder Funktionen einer einzigen, der eigentlich fundamentalen Rolle in diesem System gewesen – nämlich derjenigen des Redners, der in den politischen Arenen des Forums und des Comitiums das dort präsente Volk ansprach und für sich bzw. seine Sache mit allen Mitteln der Rhetorik zu gewinnen versuchte.[8]

Wenigstens in diesem Sinne war die „politische Struktur" der Republik auch für *Millar* eben doch ein „soziales System", nämlich eines der „Interaktion zwischen Menschen" im denkbar „konkretesten Sinne": Da das gesamte politische Handeln immer durch die kleinräumige, über-

---

[7] *Millar*, Rome, 112 ff., 120 ff., 136 f., 151 ff., 165 f.; *ders.*, Crowd, 15 ff., 92, 209 ff., 224 u.ö. Vgl. auch *Lintott*, Democracy, 41 ff.
[8] *Millar*, Rome, 141 f. sowie 105, 111 f., 143 ff. u.ö.; *ders.*, Crowd, 1, 44 ff., 217 ff., 223 ff. und passim.

schaubare Topographie eines „Stadtstaates" und die daraus resultierende Unmittelbarkeit der Interaktion geprägt war, war und blieb das „Zentrum der Macht" für *Millar* eben jener kleine Raum von Forum und Comitium mit der Rednertribüne, in dem diese direkte, konkrete Interaktion ihren fest verankerten Platz hatte: An diesem Ort und in dieser Interaktion habe sich alltäglich und sehr real das manifestiert, was *Millar* die „direkte Demokratie" der Republik nennt.[9]

*

Mit diesen ebenso programmatischen wie absichtsvoll einseitigen Thesen will *Millar* erklärtermaßen ein „Streitgespräch" mit den Vertretern der bisherigen „Orthodoxie" um deren fundamentale „Vorannahmen" führen, die er für im wesentlichen seit Jahrzehnten unverändert hält: Diese „Annahmen" hätten die gesamte Forschung über das republikanische Rom im 20. Jahrhundert geprägt.[10] Sein impliziter Widerpart in diesem Dialog ist denn auch einer der prominentesten Vertreter einer älteren, tatsächlich als „orthodox" zu bezeichnenden Variante des eingangs erwähnten Grundkonsenses – *Millars* eigener Lehrer *Sir Ronald Syme*.[11] Schon in seiner berühmten „Römischen Revolution" hatte *Syme* diese Variante mit der ihm selbst eigenen aristokratischen Selbstsicherheit auf einen allgemeinen Nenner mit geradezu universalhistorischem Anspruch gebracht: „Was auch immer die Form und die Bezeichnung einer Regierung sein mag, Monarchie, Republik oder Demokratie, zu allen Zeiten lauert eine Oligarchie hinter der Fassade."[12] *Robert Michels* hätte sein bekanntes „ehernes Gesetz" von der „historischen Notwendigkeit der Oligarchie" kaum deutlicher formulieren können.[13] Für das politische Leben der römischen Republik hieß das schlichtweg, daß es nicht etwa von einem Gegensatz zwischen Senat und Volk, Optimaten und Popularen oder gar Parteien und Programmen modernen Zuschnitts

---

[9] *Millar*, Crowd, 38 ff., 209 ff. und passim; *ders.*, Rome, 101, 91, vgl. ferner etwa 117, 171, 179 f., 208 f.

[10] *Millar*, Crowd, IX. Vgl. auch *Hopkins*, Violence, 492, dessen Urteil über „conventional scholarly opinion over the last few decades (misled ... by the elitist preoccupations of leading scholars") genauso undifferenziert ist.

[11] Das hat *Millar*, Author's Prologue, in: ders., Rome, 12 f., jüngst durchblicken lassen.

[12] *Syme*, Revolution, 13 f., vgl. 16 ff. (zuerst engl. Oxford 1939, 7, 10 ff.), auch zum Folgenden; vgl. auch *ders.*, Oligarchy, 323 ff. Vgl. dazu zuletzt *Walter*, Historiker, 137 ff.; *Hölkeskamp*, Fact(ions) or Fiction?, 94 f. mit weiterer Literatur.

[13] *Michels*, Zur Soziologie des Parteiwesens, 369, vgl. 351 ff.

geprägt war, sondern allein von einem ewigen Kampf um Macht und Einfluß – einem Kampf ausschließlich innerhalb des Senatsadels selbst: Die gesamte römische Geschichte, „die republikanische wie die der Kaiserzeit", so *Syme* im gleichen Zusammenhang, ist allein und ausschließlich „die Geschichte einer herrschenden Klasse".

Für *Syme* wie für *Friedrich Münzer*, den anerkannten Doyen der republikanischen Prosopographie[14], und mit Einschränkungen auch für *Matthias Gelzer* – der trotz seiner Vorbehalte gegen eine schematische Mechanik von „Adelsparteien" ebenfalls zu den Begründern des erwähnten Konsenses gezählt wurde[15] – hatte dieser Kampf daher auch nur eine einzige konkrete Form, die in der ganzen Geschichte der Republik gleichgeblieben sei: die Bildung von „Adelsparteien" oder Faktionen, die sich permanent bekämpften, im Senat und (etwa bei Wahlen oder Strafprozessen) auch in der Volksversammlung. Das hieß aber keineswegs, daß diese „Parteien" das Volk in Lager geteilt oder auch nur partiell in das Volk irgendwie hineingeragt hätten – im Gegenteil: Diese Faktionen waren ausschließlich Zusammenschlüsse führender Häuser, die durch dynastische Beziehungen, Heiraten und Adoptionen[16], persönliche Verpflichtungsverhältnisse und „politische Freundschaften" zwischen ihren Häuptern begründet wurden und die trotz mancher Wandlungen vielfach über Generationen stabil blieben. Ausschließlicher Zweck und alleiniges Ziel dieser „Parteien" war die Eroberung und Bewahrung der „Macht im Staate", so *Münzer*, durch die Besetzung der höchsten Ämter, des „Regierungscollegiums" der Consuln.[17]

Damit wurde ein Verständnis republikanischer Politik formuliert, in dem etwa sachliche Gegenstände und Gegensätze um pragmatische Probleme oder auch grundsätzliche Themen von vornherein keinen Platz haben konnten. „Politik" bestand danach in nichts anderem als einem sich nur um Personen und ihre Koalitionen drehenden Getriebe der Faktionen und in deren immer gleichem Kampf um die ebenso immer gleichen Positionen der „Herrschaft im Staate" – einer „Herrschaft", die allein in der Magistratur geruht hätte. Diese Grundannahme wurde ebenso selbstverständlich als Konstante gesetzt wie die daraus resultierende Vorstellung, daß die darauf beruhenden „Adelsparteien", ihre Macht

---

[14] Münzer, Adelsparteien. Vgl. dazu *Hölkeskamp*, Fact(ions) or Fiction?, 92 ff.
[15] *Gelzer*, Nobilität; *ders.*, Entstehung, 186 ff. Vgl. dazu *Bleicken/Meier/Strasburger*, Matthias Gelzer; *Burckhardt*, Elite, 77 ff.
[16] *Syme*, Marriages, 338 ff.
[17] *Münzer*, Adelsparteien, 1 ff., 133, 317, 427 f. und passim, auch zum Folgenden.

und ihre Machinationen als die wahren *arcana imperii* der Nobilität und
ihrer Republik zu gelten hätten – von Anfang an und (zumindest) bis
zum Ende der Republik.

*

Schon vor einigen Jahrzehnten, lange bevor *Millar* die jetzige Diskussion anstieß, machte sich allerdings Unbehagen an einer Konstruktion
breit, die dieses Grundkonzept von Politik mitsamt seinen impliziten
Voraussetzungen und geradezu ideologischen Postulaten als meta-
historische oder gar anthropologische Konstante voraussetzte[18] – und
damit schlicht für gegeben erklärte, was man erst einmal hätte umfassend analysieren und schlüssig erweisen müssen. Bereits in der Mitte
der achtziger Jahre konnte *Chester Starr* in einem Forschungsbericht
über den damaligen Stand der Forschung zur Republik ebenso ironisch-
knapp wie in der Sache treffend feststellen, daß die allgemeine Akzeptanz jener sattsam bekannten Prosopographie endlich zurückgehe, die
sich in der minutiösen (und nicht nur gelegentlich spekulativen) Rekonstruktion verborgener Verwandtschaftsbeziehungen erschöpft hatte:
„the popularity of chasing down who was whose uncle may at last be
waning". Und *Allen Ward* (nach eigenem Bekunden früher selbst einer
derjenigen, „who sometimes too zealously tracked down uncles – and
aunts and cousins too!") stellte ein Jahrzehnt später kurz und bündig
fest, daß längst ein Konsens darüber bestehe, daß es nie Allianzen ari-
stokratischer Familien und „Faktionen" gegeben hätte, die auf solchen
Beziehungen beruht hätten und die über Generationen oder auch nur
wenige Jahrzehnte stabil gewesen wären.[19]

Paradoxerweise war es übrigens der von *Millar* besonders gescho-
tene *Matthias Gelzer*, der – nachdem er mit den erwähnten Arbeiten zunächst zur Etablierung des orthodoxen Konsenses beigetragen hatte –
schon sehr früh prinzipielle Vorbehalte gegen das Konzept fester und
dauerhafter „Adelsparteien" und das allzu schlichte Verfahren ihrer Rekonstruktion formulierte.[20] Solche wissenschaftsgeschichtlichen Fein-

---

[18] Vgl. zuerst *Meier*, Res publica amissa, 163 ff., 174 ff., 187 ff.; *Astin*, Government,
163 ff.; *Ward*, Republic, 66 ff.; *Hölkeskamp*, Nobilität, 44 ff., 53 ff. S. zuletzt *ders.*,
Fact(ions) or Fiction?, 100 ff. mit ausführlichen Literaturnachweisen.

[19] *Starr*, Past and Future, 41; *Ward*, Republic, 66 f.

[20] S. etwa *Gelzers* Rezension von *Scullard*, Roman Politics. Vgl. *Hölkeskamp*,
Fact(ions) or Fiction?, 96 f. mit weiteren Belegen. *Millars* Kritik an *Gelzer: ders.*,
Rome, 145 ff., vgl. 92, 126; *ders.*, Crowd, 7 ff.

heiten sind allerdings nicht *Millars* Sache.[21] Überhaupt hat dessen „impliziter Dialog" mit den Repräsentanten eben jener modernen Forschungsrichtungen, die die Dekonstruktion dieser ursprünglichen „Orthodoxie" längst vorangetrieben hatten, bislang überhaupt nicht stattgefunden; denn er wollte sich weder auf eine direkte und systematische Auseinandersetzung einlassen[22], noch ist er bisher auf die teilweise recht differenzierten und detaillierten kritischen Antworten auf seine Fragen und Thesen eingegangen.

Die folgenden Ausführungen verfolgen daher drei Ziele: Erstens sollen diese Antworten dokumentiert und bilanziert werden[23] – dies erscheint umso notwendiger, als sie mittlerweile auch andernorts allenfalls grob vereinfacht oder gar nicht zur Kenntnis genommen werden[24] und andererseits gleichzeitig *Millars* Position ihrerseits, zum Teil in ebenfalls verkürzten Versionen, zu einer neuen „Orthodoxie" zu erstarren droht[25]. Zweitens müssen dabei die verschiedenen Positionen und

---

[21] Leider gilt dies auch für *North*, der die alte „Orthodoxie" als „‚frozen waste' theory of Roman politics" bezeichnet und zum nach wie vor gängigen Modell erklärt (*North*, Politics, 6 f.; *ders.*, Democratic Politics, 277 ff.). Vgl. dagegen schon den Kommentar von *Harris*, Political Culture, 291, der das treffend als „artificial target" und die sich darin manifestierende selektive Wahrnehmung als „curiously insular" charakterisiert; *Hölkeskamp*, Conquest, 15 und 17.

[22] So explizit *Millar*, Crowd, IX, 4. Die ebenso selektiven wie eigenwilligen Kommentare zu „some contemporary approaches" in seinem neuem Buch (Roman Republic in Political Thought, 135 ff.) gehen auf die eigentliche Debatte gar nicht ein.

[23] Vgl. bereits *Burckhardt*, Elite, 89 ff.; *Jehne*, Einführung, 1 ff.; *Gabba*, Democrazia, 266 ff.; *Ward*, Republic, 68 f.; *Hölkeskamp*, Conquest, 14 ff.; und zuletzt *ders.*, The Roman Republic (Rezensionsartikel zu *Millar*, Crowd), 203 ff. mit weiteren Nachweisen; s. noch die (kritischen) Rezensionen zu *Millar*, Crowd: *Anton Powell*, in: CR 50, 2000, 516–518; *Wilfried Nippel*, in: Gnomon 73, 2001, 232–236, sowie die recht positive Einschätzung von *T. Peter Wiseman*, Democracy *alla romana*, in: JRA 12, 1999, 537–540; *Yakobson*, Elections, 10 ff., 231 ff.; *Mouritsen*, Plebs, 2 ff.; und zuletzt *North*, Introduction, 1 ff.

[24] So jüngst bei *Jeremy Paterson*, Rez. *Yakobson*, Elections, in: JRS 92, 2002, 229–230, der die Kritiker von *Millar* kurzerhand als Vertreter der alten Orthodoxie à la Syme abtut. Vgl. dagegen das neue, wichtige Buch von *Bleckmann*, Nobilität: Seine Sorgfalt und Genauigkeit zwingen den Verfasser zu der fast unwilligen Konzession (vgl. 227 ff., auch 11 ff.), daß es eigentlich gar nicht mehr möglich sei, auf diese Debatte *nicht* einzugehen.

[25] Vgl. etwa *Laurence*, Rumour, 62: „This debate has demonstrated (!, K.-J.H.) that the Roman citizen was actively involved in voting, and made conscious decisions about which candidate he should vote for at elections, and whether to vote for or against a bill at the meetings of the *comitia*." Auch *Millar* kann mit solchen Vergröberungen nicht einverstanden sein. Auf *Millar* berufen sich etwa auch *May*, Ciceronian Oratory, 56, und *Purcell*, City, 645: Letzterer gesteht dem *populus Romanus*

ihre Voraussetzungen, die zur Diskussion gestellten Probleme, Konzepte und Kategorien und die weiteren Perspektiven dieser Debatte vorgestellt werden – gerade auch jene Positionen, die *Millar* allenfalls en passant erwähnt und pauschal als ebenfalls „orthodox" abtut. Bei genauerem Hinsehen stellt sich nämlich heraus, daß einige so gescholtene Autoren paradoxerweise wichtige Einsichten vorweggenommen und *Millars* Radikalisierung der Kritik an der alten, angeblich ungebrochen herrschenden „Orthodoxie" eigentlich erst ermöglicht haben. Drittens sollen daraus einige neue theoretische, methodische und praktische Perspektiven für die weitere Erforschung der „politischen Kultur" der Republik entwickelt werden.

„an important practical and theoretical standing" zu – und zwar in „what could be regarded as a spectacular example of a mixed constitution".

II. „Wirklichkeit" contra „System":
Konventionelle Konzeptualisierungen einer
„Verfassung"

Die Kritik an *Millars* Kategorisierung der Republik als einer „direkten Demokratie" im „strikt formalen" Sinne einer „Verfassung" ließ nicht lange auf sich warten. Sie richtete sich zunächst gegen die Begrifflichkeit und vor allem die ihr offenbar zugrundeliegende Vorstellung der „Verfassung" der Republik, die *Millar* als vorgegebene, relativ feste „Struktur" respektive als statisches „System" versteht und gelegentlich sogar als (komplexe) „Maschinerie" von Institutionen, formalen Regeln und Verfahren bezeichnet.[1] Damit bedient sich *Millar* offensichtlich ohne Bedenken eines idealtypisch-systematischen Begriffsrasters und ist damit letztlich immer noch einem juristisch-verfassungsgeschichtlichen Denken verpflichtet, das seine Grundkategorien für metahistorisch gültig hält[2] – und dies nach Jahrzehnten einer intensiven Debatte über die höchst problematische Konstruktion eines republikanischen „Staatsrechts" in der Tradition *Theodor Mommsens*[3]. Aus der gleichen Tradition stammt die damit untrennbar verbundene, ebenso schlichte wie unreflektierte Voraussetzung, daß die „Verfassung" der Republik überhaupt als „staatsrechtliches System" verstanden werden könne – mithin als eigener und prinzipiell eigenständiger, etwa von gesellschaftlichen Bedingungen und kulturellen Konditionierungen zu isolierender auto-

---

[1] *Millar*, Crowd, 15, 99, 208 ff.; *ders.*, Rome, 99, 165, 172 u.ö. Vgl. dagegen *Jehne*, Einführung, 8; *Hölkeskamp*, The Roman Republic, 211 ff. Wie problematisch Millars Konzept von „Verfassung", „constitution" etc. tatsächlich ist, wird durch einen Seitenblick auf die komplexe Geschichte der Begriffe und ihrer Bedeutungen erst recht deutlich: Vgl. dazu *Heinz Mohnhaupt/Dieter Grimm*, Art. „Verfassung", in: Geschichtliche Grundbegriffe 6, 1990, 831–899.

[2] Daß diese Denkweise immer noch vertreten wird, zeigt zuletzt *Rainer*, Einführung: Da ist vom „System der römisch-republikanischen Verfassung" die Rede, deren „Erkenntnis ... nur vermittels juristischer Begrifflichkeit und Systematik denkbar" sei (S. 9). Vgl. dazu die Rezension von *Wilhelm Simshäuser*, in: TRG 67, 1999, 129–135. Auch *Ulrich Manthe* hält das römische (Privat-)Recht für „ein Recht, welches unabhängig von der Gesellschaftsform die Regeln enthält, nach welchen gleichrangige Menschen ihre rechtlichen Beziehungen gestalten" – und das ist für *Manthe* „ein Recht der reinen Vernunft" (!); *Manthe* in: ders. (Hrsg.) Rechtskulturen, 12 f.

[3] S. dazu grundlegend *Bleicken*, Lex publica, 16 ff. (und dazu die Rezension von *Meier*, 378–390); vgl. bereits *Heuss*, Mommsen, 44 ff., *Kunkel*, Bericht, und *ders.*, Gewalt, sowie neuerdings *Hölkeskamp*, „System", 93 ff., mit weiteren Nachweisen.

nomer Bereich, in dem eigene Gesetze, Regeln und eben „Begriffe" gelten und der sui generis respektive im wahrsten Sinne des Wortes sui iuris sei. Auch wenn eine solche dogmatisch-systematische „Auffassung der Staatslehre als Staatsrechtslehre" längst überholt ist und kaum noch vertreten wird[4], wird doch in der konkreten Praxis nicht nur der romanistischen Forschung immer noch „Verfassungsgeschichte" vor allem als Geschichte der Institutionen Magistratur, Senat und Volksversammlung, ihrer formalisierten Verfahren und „systemisch"-rational strukturierten Interaktionen begriffen[5].

Genau diese überholte Vorstellung der republikanischen „Verfassung" bestimmt aber paradoxerweise sogar noch eindeutiger gerade die jüngste und radikalste Revision des bisherigen Bildes der politischen Ordnung der Republik. Denn *Millars* Konzept der „Souveränität" des römischen Volkes, die sich im Recht der Volkswahl der Magistrate und vor allem in der Gesetzgebung realisiere, ist nun offensichtlich ganz unmittelbar *Mommsens* Theorem von der in den Volksversammlungen institutionalisierten „Bürgerschaft" als „dem rechtlichen Träger der souveränen Staatsgewalt" verpflichtet – auch wenn dies nicht ausdrücklich dokumentiert wird.[6] Nur vor diesem Hintergrund kann *Millar* einerseits auf einem „strikt" und „rein formalen" Verfassungsbegriff insistieren und andererseits seinen (letztlich natürlich ebenso formalen) Begriff von „Demokratie" einbringen. Nicht zuletzt durch diese seltsam altmodisch, ja angestaubt anmutende epistemologische Voraussetzung der Autonomie der Institutionen und Verfahren wirkt sein Angriff auf die „Orthodoxie" sogar als Rückfall hinter längst erreichte Ergebnisse und Positionen. Das wird erst recht deutlich, wenn man sich die wichtigsten Stadien der Diskussion über die republikanische „Verfassung", ihre theoretisch reflektierte Konzeptualisierung und ihre historisch möglichst genaue Beschreibung vergegenwärtigt. Anders gesagt: Gerade vor

---

[4] Diese genaue Charakterisierung findet sich bei *Bleicken*, Lex publica, 31; vgl. auch *Heuss*, Mommsen, 56 f.; *Kunkel*, Mommsen, 379 f. Ausnahmen bestätigen allerdings auch hier die Regel: *Rainer*, Einführung, 3 ff. und passim.

[5] Vgl. dazu *Bleicken*, Schatten, jetzt in: ders., Gesammelte Schriften I, 526–550, hier 537 ff., 549 (zu *Kunkel/Wittmann*, Staatsordnung).

[6] *Mommsen*, Staatsrecht III/2, 1030 und insbes. III/1, 127 ff., 300 ff. sowie dazu *Bleicken*, Lex publica, 28 ff.; *Hölkeskamp*, „System", 107; *Behne*, Volkssouveränität, 124 ff., mit weiteren Nachweisen. Vgl. zur Problematik des Konzeptes der „Volkssouveränität" in diesem konkreten Zusammenhang bereits *Meier*, Res publica amissa, 117 f. und zuletzt *Flaig*, Im Schlepptau der Masse, 423 ff.; ders., Volkssouveränität, 321 ff.

dem skizzierten Hintergrund erscheint ein Ausflug in die jüngere Wissenschaftsgeschichte lehrreich und sinnvoll – nicht nur weil solche Ausflüge gelegentlich auch vor Neuentdeckungen schützen.[7] Um den gegenwärtigen Stand der Diskussion genau charakterisieren und weitere Perspektiven entwickeln zu können, ist es insbesondere notwendig, jene (erst verspätet einsetzenden, noch nicht lange zurückliegenden und vor allem weiterhin offenen) Debatten über theoretische Modelle, methodische Ansätze und tragfähige Begriffe zu rekonstruieren, die eine genauere Beschreibung und Analyse der republikanischen politischen Ordnung (und antiker politischer Kulturen generell) ermöglichen sollten.

Es war gerade das Unbehagen an der traditionellen „Verfassungsgeschichte", ihrer einseitigen Fixierung auf „formalisierte Organisationseinheiten"[8], Regeln und Verfahren und ihrem dabei vorausgesetzten normativen Konzept abstrakt-autonomer „Staatlichkeit", das den ersten und immer noch grundlegenden Versuch eines umfassenderen und reflektierteren Zugangs wesentlich inspirierte – *Christian Meiers* mittlerweile klassisches Buch „Res publica amissa", das diese Programmatik schon durch seinen Untertitel verriet: „Eine Studie zu Verfassung und Geschichte der römischen Republik".[9] Bezeichnenderweise benutzte auch *Meier* zumindest zunächst eine Begrifflichkeit, die implizit bzw. als deutlich erkennbare Folie das traditionelle systematische Konzept einer „Verfassung" voraussetzte: Dem stellte er nämlich den Begriff der „gewachsenen Verfassung" gegenüber – einen „rein deskriptiv" und keinesfalls „romantisch" zu verstehenden Ausdruck, der immerhin bes-

---

[7] Auch die Charakterisierung der römischen Republik als „Demokratie" ist nicht völlig neu – vgl. nur *Guarino*, Democrazia, nur kurz von *Millar*, Rome, 140 erwähnt. S. die Nachweise bei *Bleicken*, Staatliche Ordnung, 11 mit Anm. 8 (= ders., Gesammelte Schriften I, 190); *Claude Nicolet*, in: ders. (Ed.), *Demokratia*, 77 f. mit Anm. 1 f.; *Jehne*, Einführung, 1 f. mit Anm. 4 und 7; *Pani*, Politica, 140 ff. S. ferner *Heuss*, Revolution, 183. Bereits *Münzer* (!) hatte von der „demokratische(n) Verfassung" gesprochen, die allerdings „die Gleichheit aller Bürger doch nicht gebracht" habe (*ders.*, Adelsparteien, 427); vgl. auch *Wieacker*, Recht, 28 ff. und zuletzt *Marcone*, Democrazie, 39 ff. u.ö.

[8] Formulierung nach *Jehne*, Einführung, 8.

[9] Die Neuausgabe enthält ein Vorwort und eine wichtige Einführung (S. XIV–LVII) mit theoretischen und methodischen Überlegungen, auf die noch zurückzukommen sein wird. Eine genauere Untersuchung der Rezeption des Buches, die vom Autor selbst wohl zu niedrig eingeschätzt wird, wäre mittlerweile der Mühe wert – nicht zuletzt auch deswegen, weil es gelegentlich geradezu demonstrativ ignoriert worden ist: Vgl. nur die (immerhin kommentierten) Literaturhinweise in *Crawford*, Die römische Republik, 245 ff.

ser geeignet sei als die „rein negative Bezeichnung ,ungeschriebene Verfassung' ".[10] Denn der „Gegensatz" sei „nicht eigentlich die geschriebene, sondern die gestiftete – nämlich wesentlich auf Neugründung beruhende – Verfassung"; anders als diese sei die „gewachsene Verfassung" mit einem „Mindestmaß an institutionellen Fixierungen" ausgekommen, auf die man ebenso habe „weitgehend ... verzichten" können wie auf „eine Versachlichung der staatlichen Funktionen", so daß die „Verfestigung der Politik in Institutionen und Prozeduren" nicht einmal in der späten Republik irgendwie ausgeprägt gewesen sei. Überhaupt sei das „Eigengewicht des Staates" besonders „gering" geblieben, und seine Verfassung sei daher geradezu „notwendig" von einem „relativ hohen Grad von Unausgeglichenheit", ja einer „technischen Unvollkommenheit" gekennzeichnet gewesen.[11] Mit dieser Begrifflichkeit nahm auch *Meier* zumindest vorläufig in Kauf, daß die republikanische Ordnung durch ihre Mängel und Defizite im Vergleich zum abstrakt-normativen Idealtyp einer Verfassung charakterisiert wurde. Dagegen setzte er unmittelbar – zunächst noch ohne theoretisch fundierte systematische Entfaltung eines eigenen, neuen analytischen Rasters[12] – die empirische Rekonstruktion dessen, was er „Verfassungswirklichkeit" oder auch „politische Grammatik" nannte.

Dabei ging es nicht mehr allein um die damals im Grunde schon allgemein akzeptierte „Einbettung" der Institutionen Magistratur, Senat und Volksversammlungen in die konkreten gesellschaftlichen, politischen und kulturellen Kontexte – womöglich als ein immer noch gewis-

---

[10] Der zuletzt genannte Begriff, durch den natürlich das erwähnte Unbehagen auch schon angedeutet werden sollte, war seinerzeit noch weit verbreitet, vgl. etwa *von Lübtow*, Volk, 310; *Meyer*, Staat, 253; *Kunkel*, Gewalt, 17. S. noch *Brunt*, Fall, 13, 296 f.

[11] Zitate *Meier*, Res publica amissa, 56 mit Anm. 177, 57 bzw. 3, 14, 49, 59; vgl. außerdem etwa 4, 50, 58, 61 f., 159 und 328 (Index s.v. „Verfassung"), sowie *Meier*, Introduction, 63 ff.

[12] Das war *Meier* sehr wohl bewußt (Res publica amissa, 5), und er hat später eine Reihe von Überlegungen zu Kategorien und Konzepten in verstreuten theoretischen Arbeiten angestellt, diese jedoch nie systematisch entfaltet und empirisch erprobt; vgl. etwa Res publica amissa, XX ff., XXXII ff.; *ders.*, Alltag, 39 ff., 46 ff.; *ders.*, Prozesse, bes. 34 ff. Vgl. dazu auch *Rilinger*, Interpretation, 288 ff.; *Schneider*, Handeln, 24 ff., 45 ff. Einige Rezensenten haben dagegen (trotz mancher Kritik, auch an *Meiers* Ansatz und Begrifflichkeit) die Bedeutung des Buches erkannt – allen voran *Jochen Bleicken*, in: ZRG RA 85, 1968, 451–461 (= ders., Gesammelte Schriften II, 778–788); vgl. etwa auch *Jean Béranger*, in: REL 45, 1967, 590–594; *Chester Starr*, in: AJPh 89, 1968, 480–483; *Peter A. Brunt*, in: JRS 58, 1968, 229–232; *Wilhelm Hoffmann*, in: GGA 221, 1969, 63–70.

sermaßen teilautonomes „Subsystem". Vielmehr versuchte *Meier*, diese „an Wunderbarem und Wunderlichem" reiche Ordnung insgesamt als eigenartige und eigentümliche Symbiose von „Staat" und „Gesellschaft" zu beschreiben, die einerseits eine starke „Staatsbezogenheit" – nämlich eine besondere Konzentration auf Politik und Krieg, Herrschaft und Imperium – entwickelt hatte und andererseits von einer weitgehenden Durchdringung, ja Indienstnahme und Mediatisierung des „Staates", also der „Institutionen, Vollmachten und Prozeduren", eben durch die „Gesellschaft" gekennzeichnet war.[13] Aus heutiger Sicht mag daran manches unbefriedigend und vage erscheinen – so ist die Ambivalenz des Begriffes „Staat" evident, und *Meier* selbst hat die Folie einer idealtypischen Dichotomie von „Staat" und „Gesellschaft" in Frage gestellt: Die irreführende Formulierung von der „Einheit von Staat und Gesellschaft" besage eigentlich nur, daß im republikanischen Rom noch „ungeschieden und folglich noch nicht vorhanden war, was in der Neuzeit sich ausbildete, indem es sich voneinander schied".[14] Aus heutiger Sicht muß dieses Diktum wiederum schon deswegen fragwürdig erscheinen, weil es einen engen, aus den typisch neuzeitlich-europäischen Strukturen abgeleiteten Staatsbegriff als allein denkbar und legitim voraussetzt – darauf wird in anderem Zusammenhang noch zurückzukommen sein.

Immerhin sah *Meier* in den erwähnten Defiziten der „Verfassung" nicht mehr nur (und nicht einmal in erster Linie) eine strukturelle Schwäche, die die Republik bzw. ihre Überlebensfähigkeit prinzipiell und von vornherein in Frage stellen mußte.[15] Vielmehr erkannte er, daß bestimmte Eigentümlichkeiten dieser Ordnung eher Stärken waren und ihre eigentlich erstaunliche und erklärungsbedürftige Stabilität, Flexibilität und Anpassungsfähigkeit über mehrere Jahrhunderte überhaupt erst ermöglichten – allerdings unter bestimmten Voraussetzungen und Bedingungen, die ihrerseits keineswegs allesamt und notwendig in dem rudimentär entwickelten „System" selbst liegen mußten. Damit war die allgemeine Zielsetzung klar: Es ging nun um die (auch begrifflich) genauere, empirische Bestimmung der erwähnten Eigentümlichkeiten einerseits, die Identifizierung ihrer Voraussetzungen und Bedingungen

---

[13] *Meier*, Res publica amissa, 45 f., 50, 156 u.ö.; vgl. auch *ders.*, Rez. *Bleicken*, Lex publica, 384 ff.
[14] *Meier*, Res publica amissa, XXII f., 13 mit Anm. 40 f. (unter Berufung auf *Brunner*, Land und Herrschaft).
[15] Vgl. bereits *Wieacker*, Recht, 27 ff.; *Heuss*, Revolution, 183 ff.; *ders.*, Römische Geschichte, 37 f.

andererseits und schließlich um eine – erst daraus zu entfaltende – Erklärung des Schwindens dieser Bedingungen und damit der Ursachen der Krise der Republik, die bekanntlich in ihren Untergang mündete.

*

Grundsätzlich hat sich diese Sicht mittlerweile durchgesetzt – und das gilt auch für die „Verfassungsgeschichte" als eigenem „Gegenstand der Romanistik", wie sie etwa *Franz Wieacker* im derzeit modernsten und besten Handbuch der römischen Rechts- und Verfassungsgeschichte verstanden wissen wollte[16]: Ein modernes „Gesamtbild der klassischen Ordnung" könne als „System nur in Näherungen dargestellt" werden – nämlich als „überlieferter Bestand von Einrichtungen und formalisierten Handlungsregeln", die insgesamt „als rechtlich bindende Organisation verstanden und angewendet" und allenfalls „hier und da durch Einzelgesetze bekräftigt, reformiert oder fortgebildet" wurden.[17] Dabei dürfe diese eigentümliche „Verfassung" nicht als „Zustand oder stabiles Gerüst" aufgefaßt werden, sondern müsse eigentlich als „Funktion eines fortdauernden politischen Prozesses interpretiert" werden, dessen „Verständnis die Vergegenwärtigung seiner politischen und sozialen Bindungen" und hier wiederum insbesondere der gesellschaftlichen „Gruppenbildungen und der Dynamik ihrer Veränderungen voraussetzt". Zu den fundamentalen „Konstanten" dieses Prozesses zählt *Wieacker* vor allem einen festen „Bestand von vorrechtlichen Leitvorstellungen der Moral des öffentlichen Handelns", die zwar „selbst nicht Bestandteil der öffentlichen Rechtsordnung (*ius publicum*)" seien, jedoch als „sozial verpflichtende Maßstäbe des öffentlichen Verhaltens" und oft sogar „auch der Rechtsanwendung anerkannt" worden seien: Zu diesen „Leitvorstellungen" gehörten nach *Wieacker* etwa Begriffe wie *auctoritas* und *dignitas*, *gratia* und *honor* und – zuerst und zentral – *mos maiorum*.[18]

---

[16] *Wieacker*, Rechtsgeschichte. In den (vor allem juristischen) Rezensionen wird dies auffälligerweise kaum gewürdigt.
[17] So die treffende Beschreibung von *Wieacker*, Rechtsgeschichte, 345 und 353, mit ausdrücklichem Bezug auf *Meier*, Res publica amissa. Vgl. in diesem Sinne auch *Wolfgang Kunkel*, in: ders./Wittmann, Staatsordnung, 15, 52, 321. S. ferner den ebenso modernen Überblick von *Bleicken*, Verfassung, 12 ff. und passim, sowie *Astin*, Government, 163 ff.; *Cloud*, Constitution, 491 ff.; *Lintott*, Constitution, 1 ff. und passim. *Grziwotz*, Verfassungsverständnis, bietet weiteres Material, aber keine neue tragfähige Konzeption.
[18] *Wieacker*, Rechtsgeschichte, 353 f., 374 ff., 502 ff.; vgl. bereits *ders.*, Recht, 28, 31, 58. Das heißt in letzter Konsequenz (die zu ziehen Rechtshistorikern schwer-

Die wörtliche Übersetzung dieses Konzepts – die „Sitte(n) der Vor-fahren" – gibt bekanntlich nur einen vagen Eindruck von dem kaum be-grenzten bzw. begrenzbaren Spektrum der Inhalte und Gegenstände, die unter diesen Begriff fielen, und erst recht kann sie kaum der konstituti-ven Bedeutung des Ganzen gerecht werden. Dieser reiche Vorrat von hergebrachten Prinzipien, Vorbildern und Handlungsmaximen, bewähr-ten Verhaltensweisen, konkreten Regeln und Praktiken umfaßte keines-wegs etwa nur überkommene Gebote und Verbote bezüglich des gesell-schaftlichen Umgangs und der „privaten" Lebensführung der Bürger. Vielmehr regulierte der *mos maiorum* auch das gesamte Strafrecht und das „öffentliche Recht", die Staatsreligion ebenso wie Militärwesen, Innen- und Außenpolitik; denn darin war eben auch das enthalten, was man als „constitutional conventions" bezeichnen könnte.[19] Danach hat-ten sich die Magistrate in ihrer gesamten Amtsführung zu richten – der Comment bei Bewerbungen und Wahlen richtete sich ebenso nach sol-chen Regeln wie die Formalien der Amtsführung vom Antritt über die Verteilung der Aufgaben bis hin zur Übergabe einer Provinz an den Nachfolger.[20] Allein auf dem *mos maiorum* beruhte vor allem das kom-plexe Netz der niemals normierten – und gerade darum auch kaum be-grenzbaren – Zuständigkeiten und „Rechte" des Senats. Schließlich und endlich regulierte sich auch das Verhältnis zwischen den Institutionen mit ihren jedenfalls partiell konkurrierenden und potentiell kollidieren-den „Kompetenzen" nach Maßgabe des Herkommens – ebenso wie die konkreten Verfahren der Interaktion zwischen Magistraten, Senat und Volksversammlungen.[21] Aus dem *mos maiorum* nährte sich also auch jenes eigentümliche „Regulationsvermögen"[22], das gewissermaßen das

---

fällt), daß *lex, ius*, und *mos maiorum*, „Rechtsordnung" und „Sozialordnung" eigentlich nicht einmal konzeptionell und heuristisch gegenübergestellt werden dürften – vgl. *Meier*, Rez.: *Bleicken*, Lex publica, 383 ff. Vgl. dazu auch *Gehrke*, Aktuelle Tendenzen, 218 (mit Anm. 17 zur „Schule von Friedrich Vittinghoff").

[19] *Meier*, Res publica amissa, 54, 57, unter Berufung auf *Max Webers* Definition des Konzepts (*ders.*, Wirtschaft und Gesellschaft, 17 f., 187 ff. u.ö.). Vgl. *Kunkel*, Ge-walt, 17, und neuerdings noch *Eder*, Republicans, 446 ff.

[20] Vgl. zum Prozeß der Ausgestaltung der Magistratur als „Institution" neuerdings auch *Stewart*, Public Office.

[21] Vgl. dazu auch *von Lübtow*, Volk, 310 ff., sowie grundlegend *Kunkel*, Gesetzes-recht, 377 ff.; *Bleicken*, Lex publica, 354 ff., 364 ff. (mit *Meier*, Rez.: *Bleicken*, Lex publica, 383 ff.) und danach *Hölkeskamp*, Exempla, 316 f., mit weiterer Literatur, ferner *Grziwotz*, Verfassungsverständnis, 222 ff., 252 ff., 263 ff., dessen Trennung von *exempla, instituta* und *mores* allerdings nicht einleuchtet.

[22] *Meier*, Res publica amissa, 50, im Anschluß an *Heuss*, Römische Geschichte, 37.

Äquivalent eines ausdifferenzierten „Systems" gesetzlicher Normen und förmlicher Verfahrensvorschriften darstellte und damit das praktische Funktionieren der politischen Ordnung gewährleistete.

Damit sind wir nun bereits bei den eigentlich unstrittigen Fakten. Was die konkreten „gewachsenen" Regeln bezüglich der Volksversammlungen und Volksgerichte angeht[23], so ergibt sich das eindeutige Bild allgegenwärtiger institutionalisierter Hierarchien – sowohl hinsichtlich des inneren Aufbaus der Versammlungen als auch bezüglich der Interaktion mit den anderen Institutionen. Alle Volksversammlungen – die *comitia centuriata*, die *comitia tributa* und die Versammlungen der Plebs (*concilia plebis*) – waren bekanntlich in Stimmabteilungen eingeteilt: nach Censusklassen und „Hundertschaften" (*centuriae*) wie ursprünglich die ersteren, nach Bezirken des Bürgergebiets die beiden letzteren oder nach einer komplizierten Kombination beider Kriterien wie die *comitia centuriata* nach einer Reform in der Mitte des 3. Jahrhunderts. Hier geht es nicht um die Einzelheiten und Probleme, sondern um das Grundmuster – ein gleiches und direktes Stimmrecht jedes römischen Bürgers hat es nie gegeben, das Gewicht der individuellen Stimme war und blieb vielmehr immer formal und faktisch höchst unterschiedlich.

Die Volksversammlungen traten auch nicht nach objektiven formalen Regeln zusammen, etwa zu festgelegten Terminen im Monat. Nur Magistrate hatten das Recht, eine Versammlung einzuberufen und dann auch zu leiten: Sie waren und blieben immer die Herren des Verfahrens, sie bestimmten jeden Schritt des Prozedere. Und das galt keineswegs nur für die höchsten Beamten mit *imperium*, die Consuln oder Praetoren, die die *comitia centuriata* (und die *comitia tributa*) leiteten, sondern auch für die Repräsentanten der Plebs, die Volkstribune, als Leiter der *concilia plebis*. Allein die Magistrate und Tribune konnten Anträge zur Beschlußfassung vorlegen, die die jeweilige Versammlung nur annehmen oder ablehnen konnte – zumindest in diesem Stadium des formalen Verfahrens gab es keine Debatten mehr, und ein Recht auf Änderungs- oder Ergänzungsanträge oder gar ein eigenes, unabhängiges Initiativrecht des einfachen Bürgers, womöglich aus der Mitte der Versammlung, hat es nie gegeben und wurde nicht einmal theoretisch erwogen.

---

[23] Die einschlägigen Zeugnisse sind bei *Mommsen*, Staatsrecht III/1, 369 ff. systematisch (im doppelten Sinne des Begriffs) gesammelt. Vgl. auch *Ross Taylor*, Assemblies; *Staveley*, Voting, 121 ff.; *Meyer*, Staat, 190 ff.; *Nicolet*, World, 207 ff.; *Wieacker*, Rechtsgeschichte, 388 ff., mit weiteren Nachweisen; *Laser*, Bedeutung, 45 ff., und zuletzt *Lintott*, Constitution, 43 ff.

Nur die leitenden Magistrate der Wahlversammlungen konnten Kandidaten präsentieren – oder auch Kandidaturen zurückweisen; und allein die nominierten Kandidaten sollten wählbar sein. Nur Magistrate hatten das Recht, die Resultate der Abstimmungen zu verkünden und sie damit erst formal gültig werden zu lassen – bei unliebsamen Ergebnissen konnten sie aber diese *renuntiatio* auch verweigern und die Prozedur einfach wiederholen lassen. Und nur Magistrate hatten schließlich das Recht, die von ihnen einberufene und geleitete Versammlung auch formell zu schließen – gegebenenfalls auch ohne daß ein (verkündetes und damit gültiges) Ergebnis zustande gekommen war.

Das ist natürlich alles längst bekannt – auch *Millar* weist gelegentlich en passant darauf hin.[24] Schon vor dem Hintergrund dieses spezifischen Ausschnitts des *mos maiorum* muß allerdings eine Rekonstruktion der republikanischen Ordnung fragwürdig erscheinen, die die Volksversammlungen als Institutionen isoliert und abstrakt von ihren formalisierten, scheinbar wohl definierten „Kompetenzen" her auffaßt, um ihnen dann umstandslos ein durchaus praktisches, sehr reales Eigengewicht als geradezu autonomen Willens- und Entscheidungsträgern zuzuschreiben. Die Problematik dieser doppelt einseitigen Perspektive wird gerade durch die von *Millar* mehrfach zumindest suggerierte Analogie mit der athenischen Demokratie (und der zentralen Funktionen der Ekklesia in ihr) besonders deutlich: Ein direkter Vergleich der konkreten Verfahrensregeln bezüglich der Einberufung und Leitung, sowie der weiteren Stufen der Willensbildung über Anträge bzw. deren Änderung und Ergänzung bis zur Abstimmung – hier natürlich nach dem „one man, one vote"-Prinzip – läßt die eigentümlich hierarchische Eingebundenheit der römischen Versammlungen im Kontrast zur besonders unabhängigen, eigengewichtigen und schon insofern tatsächlich „souveränen" Ekklesia erst recht hervortreten.[25] Das gilt umso mehr, als in Rom – ganz anders als in Athen – niemals ein Versuch gemacht wurde, ein solches Eigengewicht der Versammlungen durch prozedurale Vorkehrungen zur Geltung zu bringen: Die „gewachsenen" hierarchisch-korporativen Grundstrukturen der Comitien oder die ebenfalls hergebrachten Vollmachten der versammlungsleitenden Magistrate wurden als solche

---

[24] Z.B. *Millar*, Crowd, 16 ff., 203 f.; *ders.*, Rome, 94.
[25] Vgl. dazu generell etwa *Bleicken*, Athenische Demokratie, 161 ff., 265 ff., 306 ff., und zuletzt *Welwei*, Athen, 107 ff. u.ö. S. generell zur (allenfalls begrenzten) Vergleichbarkeit der beiden „Typen" noch *Eder*, Who Rules?, 169 ff.; *Marcone*, Democrazie.

ja niemals zum Gegenstand legislativer Reformen.[26] Vielmehr war offenbar auch im *mos maiorum* verankert, daß diese Grundlagen der institutionellen Ordnung unstrittig galten und nicht zur Disposition standen.[27]

Man muß sogar noch einen Schritt weiter gehen: Der „normative Volksbeschluß" ist überhaupt nur ausnahmsweise eine Quelle des „öffentlichen Rechts" – zumindest galt das in der mittleren Republik.[28] Erst als es im Laufe des 2. Jahrhunderts zu einer „Ausweitung des Strittigen" kam[29], wurden Institutionen, Regeln und Verfahren selbst zunehmend zum Gegenstand von Gesetzgebung: So wurde etwa mit den *leges tabellariae* die geheime Abstimmung in den Volksversammlungen eingeführt[30], und man versuchte ebenfalls per Gesetz, verschiedene Praktiken der „Werbung" im Vorfeld der Wahlen (*ambitus*) zu verbieten[31] – ein sensibles Thema in diesem hochkompetitiven System. Mithin gilt hier mutatis mutandis das Gleiche, was schon mehrfach für den ähnlich sensiblen Bereich der Formalisierung der Ämterhierarchie durch sogenannte *leges annales* festgestellt wurde: Es ist erst der (als solcher auch wahrgenommene) Mißbrauch der an sich durchaus dehnbaren Regeln (oder *mores*), der schließlich zu einer positiv fixierten, dann auch nicht mehr ohne weiteres flexibel zu handhabenden Normierung führte.[32]

Dabei indiziert die sich steigernde Inanspruchnahme der Volksversammlung als gesetzgebendes Organ gerade auf diesem Sektor eher ei-

---

[26] So richten sich die Gesetze über Fristen und andere Regeln der Promulgation von Anträgen (*lex Aelia et Fufia*; *lex Caecilia Didia*; *lex Clodia*) an die „antragsberechtigten" Magistrate bzw. regelten die Intercessionsmöglichkeiten gegen Anträge (Belege bei *Rotondi*, LPPR).

[27] Vgl. bereits *Meier*, Res publica amissa, 52 f., 119 ff. S. auch *North*, Politics, 284; ders., Democratic Politics, 14 f., im Anschluß an *Finley*, Politics, 70 ff., 84 ff. (= ders., Das politische Leben, 93 ff., 110 ff.).

[28] Vgl. bereits *Kunkel*, Gesetzesrecht, 368 ff.; *Meier*, Res publica amissa, 121; *Bleicken*, Staat und Recht, 148 ff. (= ders., Gesammelte Schriften I, 286 ff.).

[29] *Meier*, Res publica amissa, 128, vgl. 121.

[30] Der Zweck dieser Gesetze (Belege bei *Rotondi*, LPPR) ist immer noch umstritten: Vgl. dazu *Gruen*, Exercise of Power, 255 ff.; *Jehne*, Abstimmung, 593 ff.; *Yakobson*, Elections, 126 ff., mit weiteren Literaturnachweisen.

[31] Inhalt und Zweck dieser Gesetze (Belege bei *Rotondi*, LPPR) sind wiederum umstritten. Vgl. dazu etwa *Lintott*, Bribery, 1–16; *Gruen*, Exercise of Power, 257 ff.; *Jehne*, Beeinflussung, 51 ff., mit der gesamten älteren Literatur, sowie neuerdings *Yakobson*, Elections, 25 f., 32 f., 75 f. u.ö.; *Riggsby*, Crime and Community, 21 ff.; *Schuller, Ambitus*.

[32] Vgl. etwa *Bleicken*, Lex publica, 175 ff., und demnächst *Beck*, Karriere und Hierarchie.

nen Verlust an Flexibilität und vor allem an Einigungsfähigkeit als einen Gewinn an „demokratischer" Gestaltungsfreiheit. Die Tendenz zur objektivierenden „Verrechtlichung" von Regeln und die (nicht selten auch noch erfolglosen) Versuche der strikten Fixierung von Normen und Sanktionen erscheinen da nur als Kompensation für ein rasch wachsendes Defizit an Konsens über den hergebrachten Comment. Vor allem ist diese Tendenz auch ein Indiz für einen Verlust an Fähigkeit und Kapazität zum Ausgleich zwischen (potentiell und vor allem akut) kollidierenden Konventionen. Sie muß mithin als Symptom der Erstarrung und der Krise gelten[33] – und gerade nicht als Beleg eines reibungslosen Funktionierens oder gar einer besonderen Lebendigkeit dieser „Art von Demokratie". Aber selbst jetzt wurden weder die Strukturen der Comitien noch die herrschende Rolle der Magistrate jemals in Frage gestellt, ja nicht einmal politisch oder theoretisch thematisiert.

---

[33] *Meier*, Res publica amissa, 62 f., vgl. 119 f.; *Bleicken*, Lex publica, 399 ff. u.ö.; *Lintott*, Constitution, 63 f.; *Eder*, Republicans, 455 ff. Vgl. dazu zuletzt *Martin*, Formen, 170 f.

III. Vom „System" zu den „Strukturen":
Neue Fragen nach den gesellschaftlichen
Bedingungen politischen Handelns

Nach diesen noch recht allgemeinen Feststellungen wird bereits deutlich, daß die erwähnten Prinzipien und Regeln in diesem Zusammenhang eben nicht nur von Interesse sind, weil sie den spezifisch römischrepublikanischen formalen Rahmen der politischen Willensbildung darstellen. Die eigentümliche Art der institutionellen Kanalisierung und der dadurch definierten Spielräume und Grenzen des Handelns bzw. der Partizipation *in politicis* ist ja damit allenfalls umschrieben, aber noch längst nicht analysiert oder gar im eigentlichen Sinne erklärt. Genau das kann ein rechts- und „verfassungsgeschichtlich" orientierter Ansatz offensichtlich auch gar nicht leisten; denn als solcher reicht dieser Zugang von vornherein nicht aus, um schon die unmittelbar sich anschließende Frage nach Abgrenzung, Verhältnis und relativer Gewichtung von formaler und realer, symbolisch-allgemeiner und inhaltlich-praktischer Partizipation adäquat zu erfassen.

Diese und andere Interdependenzen zwischen Politik, politischer Willensbildung und Entscheidungshandeln einerseits und ihren sozialen, mentalen und sonstigen kulturellen Bedingungen andererseits sind längst in das Zentrum des Interesses der Forschung gerückt. Vielleicht darf man deren Ansätze wegen ihrer ursprünglichen theoretischen Inspirationen, methodischen Zugänge und Begriffsprägungen zumindest vorläufig und mangels eines präziseren Konzeptes als „strukturgeschichtlich" bezeichnen[1] – darauf wird nun einzugehen sein. Angesichts der Fixierung der traditionellen Rekonstruktionen der Republik auf ihre „Verfassung" einerseits und auf die als selbstverständlich vorausgesetzte „Verparteilichung" der Politik als „ewigem Kampf" um Positionen der „Herrschaft" in dieser „Verfassung" andererseits lag es zunächst nahe, genau diese (scheinbare) Interdependenz neu zu thematisieren – auch und gerade weil sie zuvor kaum explizit formuliert und schon gar nicht systematisch begründet worden war. Daher forderte wiederum *Christian Meier* – so weit ich sehe, zuerst 1976 – eine Theorie der „Parteiungen" in vormodernen Gesellschaften, die möglichst fundamental und insofern voraussetzungslos anzusetzen hätte: Man dürfe nämlich

---

[1] *Meier*, Alltag, 51.

weder die (regelmäßige) „Verparteilichung" der (gesamten) Politik in bestimmten, d. h. immer gleich strukturierten Gruppierungen, etwa „Adelsfaktionen", einfach voraussetzen noch die gesellschaftlichen und institutionellen Rahmenbedingungen als gegeben annehmen. Eine tragfähige „Parteiungstheorie" müsse vielmehr die Art und Struktur der Gruppierungsbildung selbst, ihre Voraussetzungen und Bedingungen, die Dauerhaftigkeit der Gruppen und ihren möglichen Wandel über die Zeit und nicht zuletzt ihre immerhin auch mögliche situationsbedingte Unterschiedlichkeit in ein und derselben Epoche bzw. Gesellschaft zum Thema machen – damit kann dann auch die grundsätzliche Frage nach den jeweils spezifischen Spielräumen, Grenzen und Gegenständen politischer Willensbildung in einem vormodernen (republikanisch verfaßten) Gemeinwesen in den Blick kommen. Konkret hätte eine solche Theorie drei zentrale Faktorenkomplexe jedes politischen Handelns und eben deren spezifische Interdependenzen zu thematisieren: die „Konstellation der Entscheidungszentren", die „Lagerung der Macht" und nicht zuletzt den „Inhalt der Politik".[2]

Zunächst ist natürlich auch in diesem Rahmen die Frage nach der konkreten „Konstellation" der institutionellen „Orte der Entscheidung" zu stellen – wobei allerdings von vornherein schon deren Zielrichtung und das Spektrum der darunter zu subsumierenden Einzelfragen über die bloße Feststellung einer formal-normativen, statischen Struktur von Entscheidungsorganen und -verfahren hinausweisen: Eine genaue Diagnose des je besonderen institutionellen Kontextes politischen Handelns schließt notwendig die konkrete Bestimmung der Zahl der institutionellen Orte und des relativen Gewichtes dieser „Entscheidungszentren" ein; außerdem ist immer nach ihrem Verhältnis untereinander, etwa nach eventuellen Hierarchien, und nach Interaktionsformen zwischen ihnen zu fragen, und schließlich auch nach Umfang und Gebiet, Komplementarität und möglichen Überschneidungen ihrer jeweiligen Entscheidungsgewalten.

Gerade der zuletzt genannte Aspekt hat im Fall der römisch-republikanischen „Verfassung" schon immer – gewissermaßen avant la lettre – besondere Aufmerksamkeit gefordert.[3] Schon Polybios, der von *Millar*

---

[2] Ebd. 39 ff.; *ders.*, Res publica amissa, XXXII ff.; *ders.*, Introduction, 45 ff., und dazu *Hölkeskamp*, Nobilität, 14 ff., auch zum Folgenden. Vgl. neuerdings *Meier*, Bedarf, 260 ff. (ohne wesentliche neue Aspekte).

[3] Daher hat *Meier* wohl die Aspekte der Hierarchisierung von Organen und der

immer wieder gegen die „Orthodoxie" ins Feld geführt wird, stellte auf seine Weise die komplexe Gemengelage von Komplementarität und Überschneidung der jeweiligen „Rechte" von Magistraten, Senat, Volkstribunen und Volk in den Mittelpunkt seines berühmten Exkurses über die römische „Mischverfassung" – um schließlich bezeichnenderweise ihren prinzipiell „aristokratischen" Charakter festzustellen.[4] Aus der modernen, im erwähnten erweiterten Sinne „verfassungsgeschichtlichen" Sicht gilt eine solche Gemengelage als geradezu charakteristisch für die eigentümliche römisch-republikanische „Konstellation der Entscheidungszentren". Das zeigt sich etwa an dem besonderen Verhältnis zwischen dem Oberamt mit seiner „Vollgewalt" von *imperium* und *auspicia* einerseits und dem Volkstribunat mit seinen unter dem Begriff des „Intercessionsrechtes" zusammengefaßten Möglichkeiten des Einspruchs, der Verhinderung bzw. Aufhebung andererseits: Zumindest theoretisch konnten die Volkstribune praktisch alle Amtshandlungen aller Magistrate verbieten – ihre „negativen" Rechte waren ja prinzipiell ähnlich unbegrenzt und unbegrenzbar wie die exekutiven Kompetenzen der Consuln. Die praktische Wahrnehmung formaler Befugnisse war allerdings generell „de facto durch eine ganze Reihe von Selbstverständlichkeiten" beschränkt[5] – nämlich durch Konventionen und Regeln, die auf bewährter Praxis und exemplarischen Präzedenzfällen richtiger (oder auch strittiger) Anwendung beruhten: Solche „Sitten", die natürlich auch zum Kernbestand des erwähnten *mos maiorum* gehörten, garantierten eine pragmatische Verhältnismäßigkeit der Ausübung weitreichender, sich potentiell paralysierender Kompetenzen – jedenfalls lange Zeit und in der Regel.

Natürlich konnte es zwischen Magistraten und Tribunen – wie zwischen anderen Organen mit solcherart potentiell kollidierenden oder

---

Überschneidung ihrer jeweiligen Entscheidungsbereiche und (inhaltlichen) Zuständigkeiten betont: Res publica amissa, XXXVI.

[4] Polyb. 6, 11–18 und insbes. 51, 6–8; 23, 14, 1–2. Vgl. dazu *Nippel*, Mischverfassungstheorie, 149 ff.; *Nicolet*, World, 208 ff.; *ders.*, Polybe et la „constitution", 16 ff.; *Lintott*, Constitution, 16 ff., 214 ff., und zuletzt *Welwei*, Verfassungselemente, 25 ff.

[5] *Meier*, Res publica amissa, 157 f., vgl. 124 u.ö.; *ders.*, Die *loca intercessionis*, 86 ff. S. dazu insbesondere *Bleicken*, Volkstribunat, 87 ff., 150 ff.; *ders.*, Das römische Volkstribunat, 87 ff. (= ders., Gesammelte Schriften I, 484 ff.); vgl. *Roland Wittmann*, in: Kunkel/Wittmann, Staatsordnung, 554–664, der das von *Bleicken* seinerzeit entworfene Programm einer „Funktionsanalyse" dieser Institution allenfalls ansatzweise einlöst. Vgl. *Hölkeskamp*, Nobilität, 140 ff., 243 f., 257 f., und neuerdings *Badian*, Tribuni Plebis, 187 ff.; *Lintott*, Constitution, 121 ff. u.ö.

auch nur konkurrierenden Kompetenzen – jederzeit aus allen möglichen Gründen zu Konflikten kommen: Das war eine notwendige Folge der technischen „Unvollkommenheit" und „Unausgeglichenheit" dieser „gewachsenen Verfassung", die das historisch gewordene ungeregelte Nebeneinander der Institutionen hervorgebracht hatte. Nur unter diesen Bedingungen hatte sich wiederum umgekehrt jenes „Entscheidungszentrum" entwickeln können, das in solchen Fällen regelmäßig als übergeordnete, von den jeweils Beteiligten anerkannte bzw. sogar aktiv angerufene Instanz der Konfliktbeilegung und des Ausgleichs fungieren konnte: der Senat. Bis in die späte Republik war diese Rolle des Senats als solche unumstritten – und deswegen brauchte es nicht nur keine formalen Regelungen, sondern solche Fixierungen waren im Sinne der Macht des Senats als Schiedsinstanz und Garant der „constitutional conventions" sogar hinderlich.

Tatsächlich beruhte diese Macht nämlich darauf, daß der Senat keinerlei formal normierte und positiv definierte Zuständigkeiten hatte und eben deswegen auch nicht auf eingegrenzte oder eingrenzbare Gegenstände oder Kompetenzen festgelegt war. Anders ausgedrückt: Gerade der „Mangel" an formal definierten „Rechten" war die Voraussetzung dafür, daß der Senat faktisch umfassende Macht entwickeln konnte. Tatsächlich gab es keine wichtigen politischen und strategischen Entscheidungen, an deren Vorbereitung und Formulierung er nicht maßgeblich beteiligt war. Einerseits war der Senat der Ort, an dem die Außenpolitik der Republik beraten wurde – hier wurden die Gesandtschaften fremder Mächte empfangen, hier wurden die eigenen Gesandten mit diplomatischen Aufträgen betraut, und hier ging es nicht nur um die Beratung von Staatsverträgen, Krieg oder Frieden, sondern gelegentlich auch um Einzelfälle, etwa bei Gebietsstreitigkeiten zwischen irgendwelchen griechischen Städten. Andererseits war es der Senat, der über die Zuweisung von Provinzen und Heeren, über die Prorogation von Imperien und über außerordentliche Kommanden entschied. Und es war schließlich auch der Senat, der über die Ehrungen der erfolgreichen Feldherren zu befinden hatte – hier wurden die Triumphe beschlossen, hier wurden die Weihung von Tempeln und anderen Bauten aus Beutegeldern und die Aufstellung prestigeträchtiger Siegesmonumente genehmigt.

Damit war der Senat nicht nur das „zentrale Führungs- und Regierungsorgan"[6], das die (formal so mächtige) Obermagistratur faktisch zu

---

[6] *Meier*, Res publica amissa, 50; vgl. *Kunkel*, Gewalt, 14 ff., insbes. 18 und 20, wo

seinem exekutiven Arm machte und damit geradezu mediatisierte – das
hat niemand besser formuliert als *Theodor Mommsen*, der eher wider-
willig zugeben mußte, daß der Senat durch seine „ebenso eminente und
effective wie unbestimmte und formell unfundirte Machtstellung"
schlicht und einfach „Rom und durch Rom die Welt regiert hat".[7] Der
Senat war zugleich das institutionelle Zentrum der gesellschaftlichen
Gruppe, aus der sich die Magistrate selbst rekrutierten – oder genauer:
Alle (höheren) Magistrate waren auch und sogar in erster Linie Senatoren, sie wechselten lediglich für eine jeweils begrenzte Zeit die Rolle,
traten sich dabei aber gewissermaßen immer nur selbst gegenüber. Ehemalige Quaestoren und dann wohl auch Volkstribune kamen spätestens
nach ihrem Amtsjahr in den Senat, zumindest die Aedile und erst recht
alle Inhaber eines Amtes mit *imperium* waren also vor ihrer Amtszeit
schon Senatoren gewesen und kehrten danach in den Senat zurück –
man könnte auch sagen: Sie traten ins Glied zurück, wenn man dabei
mitbedenkt, daß das „Glied" in diesem besonderen Falle nicht dieselbe,
sondern eine nächsthöhere Rangstufe bezeichnet. Denn der Senat
mochte zwar einem Außenstehenden als eine homogene „Versammlung
von Königen" erscheinen – so jedenfalls das angebliche Bonmot des
griechischen Philosophen Kineas, eines eloquenten Epikureers und Gesandten des Königs Pyrrhos, der sich in Rom und in den exklusiven Zir-
keln der römischen Gesellschaft um 270 v. Chr. gut ausgekannt haben
soll[8] (und es dann eigentlich hätte besser wissen müssen). Tatsächlich
war diese „Versammlung" in sich nämlich genauso hierarchisch strukturiert wie alle anderen Institutionen, wie die politische Klasse, die sich
hier regelmäßig traf, und der *populus Romanus* insgesamt. Darauf wird
immer wieder zurückzukommen sein.

Zunächst noch einmal zu den (ehemaligen) unteren Beamten: Sie
mußten mindestens zwei Jahre im Senat (und in ihrem Rang dort) bleiben, bis sie sich um die nächsthöhere Magistratur bewerben konnten.
Mithin war es hier im Senat, wo sie alle den weit überwiegenden Teil

---

Kunkel übrigens längst vor *Millar* explizit feststellte, daß der Senat eben kein „Organ der Legislative" war. S. dazu *Astin*, Government, 165 f.
[7] *Mommsen*, Staatsrecht III/1, passim, insbes. 1022–1036, Zitate 1033 bzw. 1022;
vgl. *Hölkeskamp*, „System", 104 ff. zu *Mommsens* selbst eingestandenen „unge-
wöhnlichen Schwierigkeiten", die „Darstellung des Wirkungskreises des Senats" –
der eigentlich gar kein „Rechtssubject im abstrakten Sinn" war und dem „jedes cor-
porative Recht" fehlte (Staatsrecht III/1, 1034 bzw. 1025 f.) – in seinem „Staatsrecht" unterzubringen.
[8] Plut. *Pyrrhos* 19, 6; vgl. App. *Samnitica* 10, 1 ff.; Flor. 1, 13, 20 etc.

ihrer politischen Karrieren verbrachten – mit ganz wenigen Ausnahmen[9] kamen selbst diejenigen, die es schließlich bis zum Consulat und vielleicht auch noch zu einem außerordentlichen Kommando als Proconsul brachten, insgesamt allenfalls auf fünf oder sechs Jahre „aktiver" Tätigkeiten in magistratischen Funktionen.

Diese besondere doppelseitige Identität der Magistrate bewirkte in aller Regel, daß sie auch im Amt (jedenfalls zumeist, in den vielen unproblematischen Geschäften des Alltags und auch in schwierigeren Fällen) ganz selbstverständlich wie Senatoren dachten und im Sinne des Senats handelten. Das hieß zunächst, daß sie sich im Rahmen eines allgemeinen Konsenses über die geltenden Regeln des Verhaltens im Amt bewegten und sich über die Art und Wahrnehmung ihrer Rechte und Pflichten und die dabei zu respektierenden Grenzen im klaren waren – all das war ja Teil des erwähnten *mos maiorum*. Zu dem darin beschlossenen Verhaltenscode gehörte auch der Grundsatz, bei etwaigen Kollisionen mit Maß und Verhältnismäßigkeit zu reagieren – und sich im Fall eines wirklichen Konfliktes dem Spruch eben jener Institution zu beugen, die (wie gesagt) immer für die Lösung solcher Probleme bereitstand und in diesem Regime auch allein dazu in der Lage war. Das erwies sich immer wieder in der Praxis, etwa bei Kollisionen zwischen individuellen Ansprüchen ranghoher Mitglieder und objektiven, pragmatischen Notwendigkeiten bei Zuschnitt und Besetzung von Kommandofunktionen. Gerade in solchen Fällen manifestierte sich konkret eine weitere, überhaupt nicht begrenzbare (und kaum zu überschätzende) Funktion des Senats – diejenige der „Verwaltung" des erwähnten *mos maiorum*, also der Bewahrung und Anwendung, Interpretation und auch Weiterentwicklung der darin beschlossenen Regeln, Prinzipien und Maßstäbe.

Die faktische Macht des Senats resultierte also einerseits daraus, daß seine politischen, strategischen und „personalpolitischen" Lenkungsfunktionen, seine Rolle als Schiedsinstanz bei konkreten Konflikten und seine (weniger konkret zu fassende, aber allgemein akzeptierte) kollektive Autorität als Hüter und Garant des geltenden Normen- und Wertesystems untrennbar aufeinander bezogen waren.[10] Andererseits war der

---

[9] Die Karrieren der prominenten Feldherren etwa der Samnitenkriege um 300 und des zweiten Punischen Krieges wie diejenigen eines Marius, Sulla, Pompeius und Caesar im letzten Jahrhundert der Republik müssen als im doppelten Sinne „regelwidrig" gelten. Vgl. dazu demnächst *Beck*, Karriere und Hierarchie.

[10] Vgl. dazu und zum Folgenden *Hölkeskamp*, Nobilität, 184 ff., 217, 250 u. ö.;

Senat das einzige „Entscheidungszentrum", das diese kombinierten Rollen erfüllen konnte – und zwar vor allem wegen seiner Zusammensetzung aus (ehemaligen) Magistraten und Priestern, Feldherren und Patronen ganzer Städte und Völker überall im Imperium. Denn dadurch war an diesem Ort das ganze über Generationen akkumulierte Herrschaftswissen konzentriert und exklusiv präsent; hier wurde die gesamte politische, diplomatische und militärische, administrative, juristische und religiöse Expertise, die der imperialen Republik zur Verfügung stand, nicht nur gesammelt und verwaltet, sondern auch im konkreten Entscheidungsfall zur Anwendung und damit zur Geltung gebracht.

*

Damit ist bereits der zweite Faktorenkomplex in *Meiers* Parteiungstheorie berührt; denn die Frage nach dem Zugang zu den entscheidenden Orten der Willensbildung[11], nach den diesbezüglichen Regeln, Chancen und Beschränkungen, führt direkt zu einer weiteren Frage, die über die Ebene der Institutionen und Verfahren hinausweist: Hier geht es immer auch schon um die konkreten Individuen, Gruppen oder Schichten, ihre Abgrenzung und soziale Identität, die eben Zugang zu den jeweiligen „Entscheidungszentren" haben, gewinnen oder verlieren, die also in diesen Institutionen tatsächlich „anwesend" sind und die dadurch *in politicis* handeln (können) – mit anderen Worten: Hier geht es um den Faktorenkomplex, den *Meier* mit der eher diffusen Kategorie der „Lagerung der Macht" bezeichnen wollte.[12] Dabei muß allerdings nicht nur nach den Individuen und sozialen Gruppen, Klassen, „Ständen" oder „Kasten" gefragt werden – also nach ihrer sozialen und rechtlichen Konstituiertheit, die sie in einer vormodernen Gesellschaft zu Trägern von „Macht" bestimmte. Vielmehr muß wiederum grundsätzlicher an-

---

ders., Senat und Volkstribunat, 449 ff.; *ders.*, Conquest, 33 ff., jeweils mit weiteren Nachweisen, sowie zu der besonderen *auctoritas senatus* etwa *Meier*, Res publica amissa, 48 ff.; *ders.*, Die Ersten, 185–204; *Bleicken*, Lex publica, 294 ff., 304 ff.; *ders.* Verfassung, 208 ff.; *Lintott*, Constitution, 86 ff.; *Martin*, Formen, 169. Eine moderne umfassende Analyse der Funktionen des Senates bleibt ein Desiderat, denn das große, immer noch wertvolle Werk von *Willems*, Le Sénat, ist natürlich in vieler Hinsicht überholt. Das Buch von *Bonnefond-Coudry*, Le Sénat, konzentriert sich weitgehend auf die Regeln und Verfahren der Entscheidungsprozesse; das gilt mutatis mutandis auch für die (z.T. eigenwillige) Arbeit von *Ryan*, Rank.
[11] Vgl. *Meier*, Alltag, 41, sowie aus anderer Perspektive *Harris*, Political Culture, 293.
[12] *Meier*, Res publica amissa, XXXVI f.; *ders.*, Alltag, 41.

gesetzt werden: Zunächst sind jene Fundamente und Faktoren genauer zu bestimmen, die „Macht" begründen (können) – man muß also fragen, was „Macht" in der betreffenden Gesellschaft überhaupt war und wie sie wirken konnte. Erst dann kann man sich dem Problem der „Struktur der Macht" und der jeweils spezifischen Gemengelage von sozialer, ökonomischer und/oder politischer „Macht" und der wichtigen Frage nach der „Verfügbarkeit" und Mobilisierbarkeit solcher Macht stellen, und erst dann gewinnt man schließlich auch den notwendigen Maßstab bzw. die Folie, um etwa Prozesse der Konsolidierung, Abschließung oder Öffnung von Eliten und (damit) Kontinuität oder Wandel der sozialen Identität der jeweiligen Machtträger bzw. des Charakters ihrer „Prominenzrollen" erkennbar werden zu lassen – über eine (etwa bloß prosopographische) Diagnose des Aufstiegs oder Abstiegs von konkreten Besitzern der Macht hinaus.

Im Fall der römischen Republik hat es in den letzten Jahren durchaus Ansätze gegeben, verschiedene Ebenen der „Macht", ihre Basis, Struktur und Verteilung namhaft zu machen – das von *Meier* nur allgemein entworfene Programm einer umfassenden Thematisierung des Problems ist allerdings nie eingelöst worden.[13] Die soziale Struktur Roms, nicht nur der Republik, war und blieb immer durch gewaltige Unterschiede von Besitz, Einkünften und Status gekennzeichnet – das ist allgemein anerkannt, allenfalls kann man sich darüber streiten, ob die daraus resultierende Ungleichheit und das dementsprechende Machtgefälle selbst im Vergleich mit anderen vormodernen Gesellschaften ungewöhnlich waren. Jedenfalls ergab sich eine deutlich ausgeprägte, in allen Bereichen der Lebenswelt gegenwärtige und jederzeit sichtbare Überlegenheit und eine damit einhergehende besondere „Macht" der Mitglieder eines Kerns der Oberschicht aus der Akkumulation ökonomischer Potenz, gesellschaftlicher Prominenz und regelmäßiger Übernahme aller politischen, militärischen und religiösen Führungsrollen. Die Angehörigen der „politischen Klasse" kamen durchweg aus einer weiteren, prinzipiell homogenen Schicht großer Grundbesitzer, die über einen wachsenden Anteil der begehrtesten und in allen vorindustriellen Gesell-

---

[13] Die umfassende, komparativ angelegte Darstellung von *Mann*, Geschichte der Macht, hier vor allem I, 13 ff. (zu Theorie und Begrifflichkeit) und II, 9 ff. (zum römischen „Territorialreich") ist anregend, kann aber natürlich eine genauere Analyse der römischen Ausprägung(en) von „Macht" nicht ersetzen; vgl. die Rezension von *Greg Woolf*, in: JRS 77, 1987, 193.

schaften wichtigsten ökonomischen Ressource verfügten.[14] Der ökonomische und soziale Abstand zu den großen und kleinen Bauern, erst recht zu den Pächtern und landlosen Proletariern, zu den Handwerkern, Kleinhändlern und Gelegenheitsarbeitern in Rom und den Städten Italiens spiegelte sich genau in den allgegenwärtigen Hierarchien im politischen Raum wider: Die Senatoren, die zwar als Magistrate, Feldherren und Priester permanent die Rollen untereinander wechselten, bewegten sich daher doch – trotz der klaren politischen Rangunterschiede, auf die noch zu sprechen zu kommen ist – auf der Ebene der grundsätzlichen Gleichheit. Zugleich standen sie dabei in allen diesen Rollen über allen anderen Schichten des *populus Romanus* und erst recht den Bewohnern des Herrschaftsraumes, deren Angehörige ihrerseits in unterschiedlichen Rollen ihnen immer nur zu gehorchen hatten – vor allem als einfache Bürger dem Magistrat wie als Legionäre dem Feldherrn.

Diese hierarchischen Grundstrukturen waren und blieben bei allem Wandel der Verhältnisse immer fundamental[15] – das gilt ja schon (und besonders ausgeprägt) für die in jeder Hinsicht grundlegende Sozialeinheit der Familie: Gerade die römische *familia* beruhte immer auf einer Kombination von Hierarchie und Macht, Autorität und Unterordnung, die derjenigen in der Gesellschaft entsprach. Obwohl sie als geradezu autonomer Raum unter der absoluten Gewalt des *pater familias* rechtlich konstruiert und ideologisch konzeptualisiert wurde, war die *familia* zugleich normatives Ideal, Modell und Widerspiegelung der sozialen Ordnung bzw. „Außenwelt" insgesamt.[16] Tatsächlich war die römische

---

[14] Grundlegend für die Einzelheiten bleibt *Shatzman*, Wealth. Vgl. auch *Hopkins*, Conquerors, 49 ff.; *Runciman*, Capitalism, 164 ff.; und neuerdings *Flaig*, Ritualisierte Politik, 40 ff., mit weiterer Literatur in den Anm. (263).

[15] Vgl. außer *Meier*, Res publica amissa, passim, etwa *Beard/Crawford*, Rome in the Late Republic, 40 ff., und zuletzt den ebenso knappen wie souveränen Überblick von *David*, République, 19 ff., 30 ff. S. zu den verschiedenen Ausprägungen dieser Hierarchien auch *Kelly*, Roman Litigation; *Kolb*, Statussymbolik, 240 ff.; *Runciman*, Capitalism; *Richardson*, *Imperium Romanum*, 1 ff.; *Jehne*, Rednertätigkeit, 169 f.; *Martin*, Formen, 156 ff. Auch wenn sie sich (vor allem) auf die Kaiserzeit beziehen, bleiben die Arbeiten von *Géza Alföldy* einerseits und *Friedrich Vittinghoff* andererseits – trotz oder gerade wegen der Unterschiede – wichtig für die Konzeptualisierung der Hierarchien und ihrer Vielfalt: *Alföldy*, Gesellschaft, 42 ff.; *ders.*, Nachbetrachtung, 69 ff.; *Vittinghoff*, Soziale Struktur, 31 ff. (= *ders.*, Civitas Romana, 253 ff.); *ders.*, Gesellschaft, 172 ff., 205 u.ö. Vgl. dazu *Rilinger*, Vorstellungen, 299 ff., sowie zuletzt *Winterling*, ‚Staat', 99 ff. und demnächst *Eich,* Metamorphose des politischen Systems Roms.

[16] Vgl. zur *familia* und ihrer „linear-hierarchischen" Ordnung etwa *Rilinger*, Vorstellungen, 310 ff.; *Martin*, Zwei Alte Geschichten, 2 ff.; *ders.*, Formen, 158 ff. S.

Gesellschaft von einer Vielzahl von hierarchischen und „asymmetri-
schen" Beziehungen zwischen Personen, kleinen und großen Gruppen
durchzogen, die durch ein Gefälle von Mitteln und Einfluß, Rang und
Geltung gekennzeichnet waren: Die verbreiteten eher vagen Sammel-
bezeichnungen dieser Beziehungen als „Nah- und Treuverhältnisse",
„Bindungs-" oder eben „Clientelwesen"[17] betonen zwar die Gegenseitigkeit und die daraus resultierende moralische Verbindlichkeit solcher
Beziehungen[18], sollten aber dabei nicht verschleiern, daß diese Beziehungen ihrer Natur nach schon durch das erwähnte Gefälle regelrecht
machtgesättigt waren – das schlägt sich bezeichnenderweise gerade in
jenem Konzept nieder, das die Grundlage des verflochtenen Verhältnis-
ses gegenseitiger Verpflichtungen zwischen *patronus* und *cliens* be-
zeichnete: Der typisch römische Wertbegriff der *fides* ist mit „Treu und
Glauben", „Vertrauen" und „Verläßlichkeit" insofern nur unzureichend
übersetzt, weil die immer mitgedachte Bedeutungsdimension des hierarchischen Gefälles zwischen den Beteiligten dadurch verdeckt wird.[19]
Bestimmte Individuen und ganze Personengruppen galten ganz selbstverständlich und automatisch als Clienten, die ihrem Patron auf vielfäl-
tige Weise verpflichtet waren: So blieben Freigelassene ihrem ehemaligen Herrn besonders eng verbunden, das heißt hier sogar: unterworfen.
Ähnliches galt – zumindest seit der mittleren Republik – für die Bewoh-
ner unterworfener Städte, ja ganzer Stämme und Völker: Die Feldherren, die sie besiegt, ihre *deditio in fidem* – wie dieses Ritual bezeichnenderweise hieß[20] – entgegengenommen und sie gegebenenfalls in das
Imperium eingegliedert hatten, wurden dadurch ganz selbstverständlich

---

auch *Saller*, Patriarchy, 72, 102 u.ö.; *Lacey, Patria Potestas*, 121 ff.; *Thomas*, Rom:
Väter als Bürger, 277 ff.; und zuletzt *Hölkeskamp*, Under Roman Roofs.

[17] *Meier*, Res publica amissa, 24 ff., und vor allem bereits *Gelzer*, Nobilität, 68 ff.;
ders., Gesellschaft, 164 f., 167. Vgl. die Beiträge zu dem wichtigen Sammelband
von *Wallace-Hadrill* (Ed.).

[18] Vgl. zu den einschlägigen Konzepten wie *necessitudo/necessitudines* etc. *David*,
Patronat, 196 ff. u.ö., und neuerdings *Cosi*, Le solidarietà, 7 ff. und passim.

[19] Vgl. dazu *Hölkeskamp, Fides*, 223 ff. Vgl. zum Konzept *fides* grundlegend *Frey-*
burger, Fides, sowie zu „Sprache und Ideologie der Patronage" bereits *Saller*, Patronage, 7 ff.; *David*, Patronat, 49 ff. und passim.

[20] Vgl. dazu *Hölkeskamp, Fides*, 237 ff., mit weiteren Nachweisen. Vgl. vor allem
Dahlheim, Struktur, 5 ff.; *Freyburger, Fides*, 7 ff.; *Nörr*, Aspekte, und dazu den Rezensionsartikel von *Dahlheim, Se dedere in fidem; Eilers*, Roman Patrons, 19 ff.
Interessant könnte übrigens ein (kontrastierender) Vergleich mit dem „ausgehandel-
te(n) und in allen Einzelheiten inszenierte(n) Ritual" der *deditio* im Mittelalter sein –
vgl. dazu *Althoff*, Spielregeln, 99 ff.; *ders.*, Macht der Rituale, 53 ff., 143 ff. u.ö.

ihre Patrone. Generell bildeten weitverzweigte „internationale" Clientelbeziehungen zwischen Mitgliedern der politischen Klasse Roms einerseits und führenden Repräsentanten der lokalen Eliten Italiens und der Provinzen andererseits das eigentliche strukturelle Gerüst der indirekten Herrschaft der Republik über das Imperium, die ja auf der oligarchisch kontrollierten Selbstverwaltung durch solche Eliten beruhte: Gerade die Minimierung der institutionalisierten Macht durch zentrale Administration machte die senatorischen Patrone, ihre Kenntnisse der Verhältnisse vor Ort und ihre Möglichkeiten der Einflußnahme, Konfliktregelung und sonstigen Lenkung zu den Vermittlern und Trägern der imperialen Herrschaft.[21]

Nicht nur Freilassung oder Unterwerfung, sondern überhaupt jede Form von „Leistung" durch einen sozial Höherstehenden – von der Vertretung vor Gericht über jede Art von Schutz und Unterstützung bis hin zu Großzügigkeiten bei der Verteilung irgendwelcher Ressourcen – begründete solche Clientel- bzw. Patronageverhältnisse, die zwar nicht immer sehr fest und verbindlich sein mußten, aber dennoch als durchaus real und sogar als erblich galten. Denn nach dem tief eingerasteten Werte- und Verhaltenscode dieser Gesellschaft war damit in jedem Fall ein Anspruch des Patrons auf „Dankbarkeit" und handfeste Gegenleistungen begründet worden – und im Falle des schon erwähnten einfachen Bürgers und Veteranen, der da nicht viel zu bieten hatte, konnte eine solche Gegenleistung eben auch in der demonstrativen Gefolgschaft bestehen, die für den senatorischen Patron bzw. ehemaligen Feldherrn, seinen Rang und seine Reputation durchaus wertvoll waren: Darüber sagte schon die Zahl derjenigen, die ihn nach der morgendlichen Aufwartung in seinem Stadthaus respektvoll auf das Forum begleiteten, etwas aus – und in der späten Republik hatten solche Gefolgschaften großer Feldherren darüber hinaus gelegentlich auch ganz konkrete, im Wortsinne handfeste Funktionen.

Auf einer allgemeinen „mentalitätsgeschichtlichen" Ebene läßt sich zeigen, daß die sozialen Beziehungen zwischen Oben und Unten generell als *fides*-haltiges, asymmetrisches Beziehungsgeflecht konzeptuali-

---

[21] Grundlegend bleibt *Badian*, Foreign Clientelae. Vgl. zuletzt *David*, Conquest, 48 ff., 99 ff., 127 ff. u.ö., außerdem bereits *Meier*, Res publica amissa, 35 ff., 42 ff., und neuerdings *Rich*, Patronage, 117 ff.; *Braund*, Function, 137 ff.; *Eilers,* Roman Patrons, 84 ff., 109 ff. Vgl. auch *Quaß*, Einfluß, 199 ff., sowie bereits *Rawson*, Clientelae, 219 ff; *dies.*, More on the Clientelae, 340 ff. (= dies., Papers, 102 ff. und 227 ff.).

siert und ideologisiert wurden – die Tradition, daß der mythische Gründer der Stadt und ihrer grundlegenden Einrichtungen die ganze *plebs* in Clientelen der Senatoren aufgeteilt habe, bringt das tief verwurzelte Ideologem der Gegenseitigkeit von kollektiver paternalistischer Fürsorge, Gefolgschaft und Gehorsamspflicht auf den Punkt.[22]

Aber selbst wenn man die Allgegenwärtigkeit von Abhängigkeitsverhältnissen unterschiedlicher Dichte, Festigkeit und Verbindlichkeit und die strukturelle Bedeutung dieser Hierarchien anerkennt, muß das nicht zu jener Konsequenz führen, die die alte „Orthodoxie" als selbstverständliche Konstante (zumeist stillschweigend) vorausgesetzt hat und die *Millar* – zu Unrecht – für ein immer noch unkritisch akzeptiertes Dogma hält: Es geht um die Annahme, daß große Clientelen als feste, aber passive Größen im Machtpoker innerhalb der Senatsaristokratie einfach zu kalkulieren waren, nämlich ohne weiteres und regelmäßig als mechanisch mobilisierbare und geradezu willkürlich verschiebbare Blöcke bei Abstimmungen und vor allem bei den Wahlen eingesetzt werden konnten.[23] Auch daran sind lange vor *Millar* Zweifel formuliert worden, und zwar einerseits wiederum von *Meier*, der allerdings die Problematik zunächst auch nicht weiter verfolgt hat[24], und andererseits von *Jochen Bleicken*, der sonst an dem Modell der relativ losen „‚politischen‘ Clientelen" festhalten wollte[25]. Spätestens seit *Peter Brunts* zusammenfassender Gesamtanalyse des sozialen Phänomens *clientela* muß zumindest die erwähnte „orthodoxe" Grundannahme endgültig als schlicht falsch gelten.[26]

Umgekehrt muß das keineswegs notwendig heißen, daß Patronage und persönliche Beziehungen aller Art überhaupt keine Rolle in den politischen Entscheidungsprozessen und vor allem bei den Wahlen spielten, wie *Millar* suggeriert.[27] Wiederum hat er sich nicht auf eine Auseinandersetzung mit einem lange zuvor angestellten Versuch eingelassen,

---

[22] Cic. *de re publica* 2, 16; Dion. Hal. *Antiquitates Romanae* 2, 9, 2 f.; Plut. *Romulus* 13, 7 ff. Vgl. dazu *Brunt*, Fall, 400 ff.; *Drummond*, Early Roman *clientes*, 89 ff., sowie generell *Wallace-Hadrill*, Patronage, 71 f., 84 f.; *Martin*, Formen, 161 ff.

[23] Vgl. vor allem *Gelzer*, Nobilität, 102, 134 f.

[24] *Meier*, Res publica amissa, 38 ff., insbes. 40 und 175.

[25] *Bleicken*, Nobilität, 245 ff. (= ders., Gesammelte Schriften I, 475 ff.); *ders.*, Staatliche Ordnung, 66 ff. (= ders., Gesammelte Schriften I, 244 ff.).

[26] *Brunt*, Fall, 382 ff., der allerdings (wie *Millar* und *North*) die differenzierten Positionen von *Meier* und *Bleicken* nur holzschnittartig wiedergibt (z. B. 385). Vgl. *Wallace-Hadrill*, Patronage, 68 ff.

[27] *Millar*, Crowd, 7 ff.; *ders.*, Rome, 124 f., 137 f., 145 f. u.ö.

die Struktur und (relative) Bedeutung des „Bindungswesens" im Rahmen der komplexen politisch-sozialen Ordnung der mittleren und späten Republik zu bestimmen. Schon *Meier* war nämlich nicht bei einem relativ simplen und auch nicht grundsätzlich neuen Entwicklungsmodell in drei Phasen stehengeblieben: Zwar hatte auch er eine frühe Phase postuliert, in der eine „ursprüngliche, strenge, umfassende Form der Clientel" vorgeherrscht habe, die durch genaue, feste „Formen und Regeln" hinsichtlich der jeweiligen Rechte und Pflichten von Patron und Client gekennzeichnet gewesen sei.[28] Schon seit dem 5. Jahrhundert v. Chr. hätten die darauf beruhenden „relativ kompakten Clientelen", die die „Hausmachten der Geschlechter" gebildet hätten, an Bedeutung verloren und sich schließlich überhaupt aufgelöst – über die Quellenbasis dieses Konstruktes, die Art und sogar die Existenz dieser frühen Clientelen kann man durchaus unterschiedlicher Meinung sein.[29]

Weniger unsicher ist jedenfalls die Annahme, daß schon im 4. Jahrhundert eine andere Form entstanden sei, die *Meier* als zweite Phase des „Bindungswesens" bezeichnet: Hierbei habe es sich nicht um eine bloß abgemilderte Form der ursprünglichen Verhältnisse gehandelt, die lediglich durch die „nachlassende Intensität der Abhängigkeit" gekennzeichnet gewesen sei; vielmehr habe etwa die wachsende Zahl von Neubürgern im Zuge der italischen Expansion und vor allem die durch politische Interessenvertretung entstandenen neuen und neuartigen Clientelen der aufstrebenden „mächtigen Familien der *plebs*" den Charakter des „Bindungswesens" nachhaltig verändert. Dieser Wandel habe sich fortgesetzt und dann schon im späten 4. Jahrhundert das dritte Stadium der Entwicklung herbeigeführt: Durchaus verschiedene Formen und Grade lockerer Beziehungen und „relativ formloser Dankbarkeits- und Nahverhältnisse" seien endgültig in den Vordergrund getreten.[30] Die Geflechte persönlicher Beziehungen und Verpflichtungen – zwischen Senatoren untereinander wie zwischen Senatoren und anderen Bürgern, lokalen Honoratioren in Italien und später in den Provinzen – hätten sich mit einer Dynamik vervielfältigt und verzweigt, die derjenigen der Expansion des Imperiums entsprach. Schließlich habe jedes Mitglied des

---

[28] *Meier*, Res publica amissa, 24 ff., 174 f. auch zum Folgenden. Vgl. bereits *Gelzer*, Gesellschaft, 158 ff.
[29] Vgl. die Literatur in Anm. 22, sowie *Laser*, Bedeutung, 110 ff., und zuletzt *Welwei*, Klientel, 220 ff.
[30] *Meier*, Res publica amissa, 30, vgl. 15 ff., auch zum Folgenden.

senatorischen Adels alle möglichen Verbindungen in viele Richtungen gehabt – vertikale wie horizontale, enge und direkte Bindungen wie lockere und indirekte, etwa über andere Patrone oder „Makler" durchaus unterschiedlichen Ranges vermittelte Beziehungen.

Aus der Allgegenwart solcher Beziehungen, die schließlich das „bunteste Geflecht von Bindungen" bildeten, resultierte eine „Pluralität von Verpflichtungen", die – und darauf kommt es *Meier* an, der sich wieder auf *Gelzer* berufen konnte[31] – regelmäßig miteinander konkurrierten, oft auch kollidierten und sich daher neutralisierten. Und das hieß wiederum notwendig, daß eine dauerhafte Bündelung von Einfluß oder gar die Bildung großer, stabiler und jederzeit einfach verfügbarer Gefolgschaften überhaupt nicht möglich war – nicht einmal eine regelmäßige und konsequente „Familienpolitik" der großen, zum Teil ja weit verzweigten *gentes* habe es daher geben können.[32] Zwar konnten Beziehungen und Verpflichtungen bei Entscheidungen aller Art und auf allen Ebenen und vor allem bei den Wahlen immer eine gewisse Rolle spielen – aber nur wenn sie für den jeweiligen konkreten Anlaß aktualisiert, kombiniert und gewissermaßen „orchestriert" wurden, und das verlangte einen erheblichen Aufwand an Rührigkeit, Zuwendung und persönlicher Werbung. Die dadurch mühselig geschaffenen Einflußpools und Netzwerke blieben dennoch ephemer. Und vor allem waren diese Netzwerke gerade auch bei den Wahlen immer nur ein Faktor unter vielen: Für einen Kandidaten für ein höheres Amt waren brillante Eloquenz, die (möglichst frische) Erinnerung an prächtige Spiele und militärische Heldentaten und nicht zuletzt auch ein glanzvoller Name und das „symbolische Kapital" einer traditionsreichen Familie mindestens ebenso wertvoll[33] – darauf wird noch zurückzukommen sein.

Schon *Meier* hatte aus der erwähnten Pluralität der Beziehungen noch weiterreichende Schlußfolgerungen gezogen: Aus der Vielfalt der Verpflichtungsverhältnisse habe sich notwendig eine ausgeprägte „Vereinzelung der Interessen" und daraus wiederum eine besondere „Teilbarkeit der Politik" ergeben – daher war es nicht nur nicht überraschend, sondern eigentlich zu erwarten, daß weder bei Wahlen noch in der „all-

---

[31] Ebd. 15, 163 mit Hinweis auf *Gelzer*, Rez. *Scullard*, Roman Politics, 203 f.
[32] *Meier*, Res publica amissa, 176 f.
[33] Ebd. 8, 175 f. u.ö.; *Morstein-Marx*, Publicity, 283 ff., mit weiteren Nachweisen und allgemeinen Beobachtungen, die über sein unmittelbares Thema hinausweisen. Vgl. unten Kap. VIII zum Konzept des „symbolischen Kapitals".

täglichen Politik" irgendwelche größeren „Gruppen" oder gar feste „Parteiungen von nennenswerter Macht und Dauer" wirklich nachgewiesen werden konnten.[34] Darüber hinaus hat *Meier* auch noch eine weitere selbstverständliche, zuvor niemals problematisierte Grundannahme der traditionellen „Orthodoxie" erstmals explizit formuliert und zugleich radikal in Frage gestellt, nämlich die Vermutung der (regelmäßigen) „Gegenstandsunabhängigkeit der Parteiungen" im republikanischen Rom. Nicht nur sei es fragwürdig, einfach vorauszusetzen, daß Gruppierungen generell „für die gesamte Politik galten" und daß mithin praktisch alle diejenigen, die irgendwie an Politik beteiligt waren, „sich unabhängig von den Gegenständen regelmäßig in den gleichen Fronten fanden".[35] Im konkreten Fall sei diese Annahme auch empirisch zu falsifizieren: Die römisch-republikanische „Art politischer Gruppierungen" sei gerade durch ihre „Gegenstandsabhängigkeit" gekennzeichnet gewesen; denn die erwähnte „offene Partikularität der verschiedenen Kräfte", Interessen und Verpflichtungen habe notwendig dazu geführt, daß sich Konstellationen, Koalitionen (und Konfrontationen) „je nach Situation" immer neu und anders bildeten – „je nachdem welche Gegenstände gerade behandelt wurden, und wer gerade gegen wen seine Freunde aufbot", entstanden so die verschiedensten Gruppierungen, und zwar sogar gleichzeitig, weil ja auch „immer mehrere Probleme auf der Tagesordnung standen".[36]

*

Genau um diese „Probleme" als Kristallisationspunkte von Gruppierungen geht es bei dem dritten Komplex der *Meierschen* Parteiungstheorie: Dabei handelt es sich um die jeweils aktuellen Themen auf der Tagesordnung, also jene „Inhalte der Politik", die an den Orten der Entscheidung und unter den Bedingungen der besonderen „Lagerung der Macht" überhaupt „politisierbar" waren, das heißt zum Gegenstand politischen Entscheidungshandelns, von Anträgen und Abstimmungen in den Institutionen und dabei gelegentlich auch zum Thema offener Kontroversen werden konnten.

---

[34] *Meier*, Res publica amissa, 40, 163 ff., 189 f., vgl. auch 17 ff., 89, 174 f., 182 ff.
[35] Ebd. XXXII.
[36] Ebd. XXXVIII, 163, vgl. 40 f., 174 ff., 182 ff.

Die Bestimmung der in den gegebenen Strukturen „politisierbaren" Probleme und Materien führt notwendig zu zwei weiteren wichtigen Fragen. Zunächst stellt sich diejenige nach dem Grad der Grundsätzlichkeit dieser Gegenstände – ob also die gesamte politische Ordnung politisch zur Disposition steht, ob allenfalls einzelne Aspekte dieser Ordnung wie bestimmte Institutionen, Regeln oder Normen strittig sind oder ob etwa überhaupt nur „Alltägliches", divergierende Interessen einzelner Figuren oder Gruppen oder administrative Probleme irgendwo im Imperium zum Thema werden oder werden können.

Die andere Frage führt noch darüber hinaus und muß gerade für den konkreten Fall der römischen Verhältnisse – und die Debatte um die politische Kultur der Republik – als besonders wichtig herausgestellt werden: Erst wenn die möglichen Inhalte der Politik bestimmt sind, kann man auch danach fragen, was in dieser Gesellschaft eigentlich nicht „politisierbar" war. Dabei kann es sich einerseits um Gegenstände und Gegensätze, Interessen oder Strukturprobleme handeln, die aus unserer Sicht zwar objektiv wichtig und drängend erscheinen, aber eben nicht auf die Tagesordnung der Politik kamen, weil ihre Thematisierung oder gar Bewältigung durch Entscheidungshandeln im Rahmen der gegebenen Verhältnisse nicht möglich war. Das konnte etwa daran liegen, daß die politische Kapazität, also das Potential der politischen Handlungsfähigkeit des Systems insgesamt, mit der besonders konfliktträchtigen Thematisierung bestimmter sensibler Probleme überfordert gewesen wäre.[37]

Andererseits könnte die Ein- bzw. Abgrenzung des Spektrums der „Politisierbarkeit" zugleich jene eben nicht zur Disposition stehenden institutionellen Fundamente, sozialen Gegebenheiten, moralischen Orientierungen und kollektiv geteilten Grundwerte hervortreten lassen, über die in einer bestimmten Gesellschaft ein allgemeiner Konsens besteht – die also gerade nicht wegen ihrer Strittigkeit, sondern im Gegenteil wegen ihrer Unstrittigkeit nicht zum Gegenstand von Politik werden. Im besten Falle wird damit schließlich sogar eine kontrollierte Bestimmung (des Grades) der Homogenität, Kohärenz und Stabilität der in Frage stehenden Gesellschaft, gesellschaftlichen Gruppe oder „politischen Klasse" möglich. Dieser Grad ist dann besonders hoch, wenn über

---

[37] Vgl. *Meier*, Prozesse, 41, 53; *ders.*, Res publica amissa, XXXI, XLII ff.; *Hölkeskamp*, Nobilität, 15 f., auch zum Folgenden.

ein breites Spektrum „politisierbarer" Themen offene und scharfe Kontroversen ausgetragen werden können, diese aber das gemeinsame Fundament, vor allem an geltenden Werten und akzeptierten Regeln, nicht berühren.

Umgekehrt gilt natürlich, wiederum sehr vereinfacht und allgemein formuliert, daß die Stabilität und Funktionsfähigkeit eines politischen Systems desto stärker gefordert und womöglich in Frage gestellt sind, je öfter und prinzipieller dieses Fundament selbst zum Gegenstand von Auseinandersetzungen wird.

Diese verschiedenen Aggregatzustände sind konkret und zugleich paradigmatisch am Beispiel entscheidender Entwicklungsphasen der römischen Republik beschrieben worden: Die Beilegung des sogenannten „Ständekampfes" zwischen dem Patriziat einerseits und der „Plebs" unter ihren ambitionierten Führern andererseits, der Prozeß der Konsolidierung der aus diesen Gruppen verschmelzenden neuartigen „politischen Klasse" und die Entstehung der Nobilität als deren Spitzengruppe im 4. und frühen 3. Jahrhundert v. Chr. wurden danach sogar dadurch vorangetrieben, daß in konkreten Kontroversen zuvor mühsam erstrittene Regeln und Grundsätze zunehmend pragmatisch und erfolgreich zur Anwendung kamen. Diese Kontroversen entzündeten sich zunächst vor allem am Anspruch der plebeischen Elite auf gleichberechtigten Zugang zu den entscheidenden politischen, militärischen und religiösen Machtpositionen. Indem sie nach und nach beilegt wurden, entstanden neue Regeln, und das gemeinsame Fundament verbreiterte sich dabei – zumindest in bestimmten Phasen und Hinsichten – geradezu selbstläufig.[38] Dagegen kann man die „Krise" der Republik als Serie von konkreten Konflikten über ein bestimmtes Spektrum strittiger Gegenstände (Landverteilung, Veteranenversorgung, militärische Sondervollmachten etc.) beschreiben, die durch faktische und offene Verletzungen der Regeln deren Bindungswirkung in Frage stellten und dadurch zu einer Erosion des erwähnten Fundaments führten, welche die zunehmende Dynamik eines selbstläufigen, „autonomen Prozesses" der Krise verstärkte. Schließlich waren gerade die drängenden Probleme kaum noch politi-

---

[38] Vgl. dazu *Hölkeskamp*, Nobilität, 192 ff. u.ö.; *ders.*, Conquest; *ders.*, Funktionswandel des Volkstribunats, 271 ff.; *Cornell*, Recovery of Rome, 334 ff., 391 ff.; *ders.*, Beginnings, 340 ff., 369 ff. Vgl. zur Entstehung und Entwicklung des sogenannten „Ständekampfes" außerdem *Drummond*, Rome in the Fifth Century II, 172 ff., sowie die einschlägigen Beiträge in: *Raaflaub* (Ed.), Social Struggles, und dazu die Rezension von *Karl-Joachim Hölkeskamp*, in: Gnomon 61, 1989, 304–318. S. zuletzt den Forschungsüberblick bei *Ward*, Republic, 58 ff.

sierbar, weil jeder Versuch, sie zum Gegenstand politischen Entscheidungshandelns zu machen, zu grundsätzlichen Gegensätzen und paraly-
sierenden Pattsituationen führte, die eben nicht mehr in den durch unstrittige Regeln gehegten Formen, sondern nur noch gewalttätig wieder
aufgelöst werden konnten.[39]

---

[39] Das ist der Kern der Ergebnisse *Meiers* (z. B. Res publica amissa, 128 ff.); s. auch
ders., Prozesse, 34 ff.; *ders.*, Alltag, 47 ff. Vgl. zur Sache auch bereits *Martin*, Popularen.

IV. Von den „Strukturen" zu den „Begriffen": Probleme der (Selbst-)Konzeptualisierung einer fremden Gesellschaft

Gerade die Fragen nach der Art, der Breite bzw. Tiefe des sozialen Konsenses und nach den Ursachen des Verlustes an unstrittig verbindlichen Regeln haben in der Debatte über die politische Kultur der Republik also eine wichtige Rolle gespielt – und zwar schon avant la lettre, bevor nämlich die spezifischen Fragestellungen und Erkenntnisinteressen der politischen Kulturforschung, die ja von vornherein auf die nicht selbst politisierbaren Voraussetzungen, Grundbedingungen und Regelsysteme politischen Handelns zielen, in der Althistorie überhaupt wahrgenommen wurden. Wieder standen ganz konkrete, pragmatische Fragen am Anfang, und wiederum gingen einige von ihnen von implizit negativen Feststellungen aus: Es ging nicht mehr (oder jedenfalls nicht mehr nur) um das Problem der Ursachen, Anlässe und konkreten Stadien des Untergangs der Republik. Schon früh stellte sich vielmehr die Frage, wie und warum „dieses Gemeinwesen" und seine „alte aristokratisch geprägte, auf einen kleinen Gemeindestaat zugeschnittene Verfassung" trotz des tiefgreifenden Wandels, der vor allem durch die radikal neue „Wirklichkeit" eines weltweiten Herrschaftsraumes vorangetrieben worden war, nicht schon lange vor dem 1. Jahrhundert untergegangen war – anders formuliert, warum die *res publica* angesichts dieser „Wirklichkeit" überhaupt so lange und so erfolgreich funktionieren konnte und sich dabei strukturell nicht einmal wesentlich veränderte.[1]

Die wichtigste (Teil-)Erklärung für dieses auffällig und erklärungsbedürftig erscheinende Beharrungsvermögen sah *Meier* eben in der Annahme eines besonders stabilen, ja geradezu zählebigen gesellschaftlichen Konsenses, dessen Grundwerte und Orientierungen niemals – nicht einmal in der Krise – politisch kontrovers und insofern in Frage gestellt wurden; dieser Konsens habe vielmehr eine besondere „Geschlossenheit" und sogar „eine bemerkenswerte Solidarität" des „römischen Adels" jenseits der allfälligen aristokratischen Rivalitäten um Rang und Prestige begründet. Den Kern dieses Konsenses versuchte *Meier* mit Konzepten wie „Staatsbezogenheit" auf den Begriff zu bringen (ohne sich in diesem Zusammenhang auf die Problematik des

---

[1] *Meier*, Res publica amissa, XV, 3, vgl. 4, 301 ff. u.ö.

Staatsbegriffs einzulassen): Die „Senatsaristokratie" habe sich „tief und gründlich mit ihrem Staat" identifiziert, und der Inhalt ihres eigentümlichen „aristokratischen Staatsethos" sei vor allem „Macht und Größe der *res publica*" gewesen.

Dieses Ethos sei wiederum konstitutiv für eine „kollektive Moral" gewesen, die nicht nur für die Elite, sondern auch für die gesamte römische Gesellschaft gültig und verbindlich war – erst dadurch sei schließlich jene „neue Art des politischen Willens" möglich geworden, „dem alle sonstigen Begabungen, Leistungen und Neigungen des Volkes dienstbar gemacht" werden konnten. Daraus erklärt sich für ihn dann auch die „Bereitwilligkeit", ja „Selbstverständlichkeit", mit der sich das Volk in das aristokratisch geprägte Regime und seine allgegenwärtigen Hierarchien von Über- und Unterordnung, Befehl und Gehorsam fügte. Auf dieser Basis hätten „Adel und Volk" eine „im Grunde monistische Gesellschaft" gebildet.[2]

*

Eine solche Charakterisierung konnte schon wegen ihrer Allgemeinheit, begrifflichen Unschärfe und der ihr inhärenten statisch-idealtypischen Sichtweise kollektiver mentaler Dispositionen nicht das letzte Wort sein. Jedoch haben diese Überlegungen in mehrfacher Hinsicht das Feld für präzisere Analysen einzelner Aspekte und genauere Diagnosen in der Folgezeit geebnet. Dieser Innovationsschub wurde durch eine gewisse Öffnung und Neuorientierung des Faches begünstigt und in mancher Hinsicht erst ermöglicht: Erstmals in der jüngeren (deutschen) Althistorie wurden zu dieser Zeit – also in den siebziger und achtziger Jahren – die aktuellen Debatten über neue Gegenstände, Fragestellungen und Erkenntnisziele, über Theorie- und Methodenprobleme, die in den historischen Nachbarwissenschaften geführt wurden, zur Kenntnis genommen. Zunächst noch vereinzelt bzw. zögernd wurden dann sogar die davon ausgehenden intellektuellen Herausforderungen und Anregungen angenommen und schließlich auch für konkrete Gegenstände der antiken Geschichte fruchtbar gemacht.[3]

Zuerst machte sich der Einfluß der sozial- und mentalitätsgeschichtlich eingebetteten Begriffsgeschichte bemerkbar, die im Umfeld des großen Projektes des „Lexikons zur politisch-sozialen Sprache in

---

[2] Ebd. 47 f., 52 f., 57, 59 f., vgl. generell 32 f., 45 ff. u. ö.
[3] Vgl. dazu die (insgesamt recht positive) Bilanz von *Gehrke*, Altertumswissenschaft, 160 ff. Eher zurückhaltend ist *Nippel*, Sozialanthropologie, 300 ff.

Deutschland" unter dem bekannten Titel „Geschichtliche Grundbegriffe" entstanden war[4] und im Laufe einer vielschichtigen Debatte zum Programm einer „historischen Semantik" respektive „Diskursgeschichte" erweitert wurde.[5] Schon in den ersten einschlägigen Arbeiten zu einzelnen konkreten, jedoch offensichtlich besonders vielschichtigen und daher (in mehr als einer Hinsicht) vielsagenden Kernkonzepten der „politisch-sozialen Begriffswelt"[6] der griechisch-römischen Antike sollte vor allem das gesellschafts- und mentalitätsgeschichtlich relevante Potential der „historischen Semantik" systematisch und methodisch kontrolliert ausgelotet werden – so zuerst in den verschiedenen Versuchen einer differenzierten Annäherung an die antiken Konzepte von „Freiheit", die sich im archaischen und klassischen Griechenland einerseits[7] und im republikanischen Rom andererseits[8] ganz unterschiedlich und jeweils spezifisch für die politischen und sozialen Kontexte entfalteten.[9]

Dabei ging es von vornherein nicht um die bloße „Wortgeschichte" oder „Einzelwort-Lexikographie", selbst wenn so „oft und nachdrücklich gebrauchte Wörter" wie *eleutheria* und *libertas* durchaus auch als

---

[4] Von *Christian Meier*, der anfangs neben *Werner Conze* und *Reinhart Koselleck* als Mitredakteur fungierte, stammt eine ganze Reihe von Beiträgen, etwa zu „Adel und Aristokratie" und „Demokratie" in der Antike (Geschichtliche Grundbegriffe 1, 1972, 2–11, 821–835). Die weiteren Mitarbeiter aus dem Bereich der Altertumswissenschaften – *Jochen Bleicken, Jochen Martin, Fritz Gschnitzer, Peter Spahn* und der Latinist *Viktor Pöschl* – waren wenigstens sporadisch beteiligt. Vgl. dazu auch *Gehrke*, Aktuelle Tendenzen, 217 f.

[5] Diese Entwicklung kann und muß hier nicht nachgezeichnet werden – vgl. dazu grundlegend *Daniel*, Kompendium Kulturgeschichte, 345 ff. Ich gebe eine (zugegebenermaßen subjektive) Auswahl wichtiger Beiträge: *Koselleck*, Vergangene Zukunft, bes. 107 ff., 211 ff. und passim; *Busse*, Historische Semantik, bes. 50 ff., 302 ff.; *Richter*, History of Political and Social Concepts, 32 ff.; *Lottes*, „State of the Art", 32 ff.; *Reichardt*, Historische Semantik, 7 ff., mit weiteren Nachweisen, sowie neuerdings die Beiträge in: *Bödeker* (Hrsg.), Begriffsgeschichte.

[6] Begriff nach *Meier*, Wandel, überarbeitet in: *ders.*, Entstehung des Politischen, 275 ff.

[7] Vgl. *Raaflaub*, Entdeckung, bes. 13 ff. (zur „begriffsgeschichtlichen Fragestellung und Methode").

[8] S. dazu *Bleicken*, Staatliche Ordnung; *ders.*, Art. „Freiheit II.2: Römische libertas", in: Geschichtliche Grundbegriffe 2, 1976, 430–435, und bereits *ders.*, Begriff der Freiheit, 1–20 (= ders., Gesammelte Schriften I, 156–161 bzw. II, 663–682), sowie *Lind*, Liberty, 81 ff.; *Brunt*, Fall, 281 ff. (allerdings ohne theoretische Reflexion); *Mouritsen, Plebs*, 9 ff., mit weiteren Nachweisen.

[9] Vgl. dazu noch *Raaflaub*, Freiheit in Athen und Rom, 529 ff., und zuletzt *ders.*, Zwischen Adel und Volk, 55 ff.

einzelne „sprachliche Chiffren habituell gewordener Gedanken" und insofern zumindest rudimentär mentalitätsgeschichtlich „gelesen" werden können.[10] Selbst wenn die Debatte über Methoden und Kategorien, Möglichkeiten und Grenzen der neuen „Begriffsgeschichte" bzw. „conceptual history", der „historischen Semantik" und schließlich der (wie auch immer) sozialhistorisch vermittelten „Diskursanalyse" zu dieser Zeit erst begonnen hatte: Von Anfang an richtete sich das Interesse eben nicht nur auf den „semasiologischen" bzw. „onomasiologischen" Zugriff auf das einzelne Konzept oder Wortfeld, und es ging auch nicht nur um deren Gebrauch in Texten verschiedener Gattungen und Zeitstufen oder um deren Bedeutung im Rahmen von benachbarten Wortfeldern.[11] Immer schon hatte man auch und sogar vornehmlich nach der „Spannung zwischen Begriff und Sachverhalt" und den korrespondierenden Prozessen des Wandels der Bedeutungen einerseits und der Sachen und Situationen andererseits gefragt, wie *Reinhard Koselleck* schon früh betont hat.

Also mußte es notwendig auch um das ganze Spektrum der lebensweltlichen Kontexte gehen, in denen die in Frage stehenden Begriffe geprägt und mit Inhalten aufgeladen, einfach gebraucht oder gewissermaßen offensiv auf das Schlachtfeld der Diskurse geführt wurden: Dazu bedarf es einer „Sozialgeschichte der kommunikativen Milieus", die die Rahmenbedingungen der jeweiligen konkreten Kommunikationssituation, die Medien und institutionellen Kanäle der Kommunikation, das jeweilige Spektrum der Orte und Anlässe ebenso berücksichtigen muß wie Rollen und Sozialprofile, Kontext-, Situations- und Handlungswissen, Erfahrungen und Erwartungen der als Autoren und Adressaten, Sprecher und Hörer an der Kommunikation Beteiligten. Im Idealfall kann eine so verstandene, anspruchsvolle und umfassend angelegte „Begriffsgeschichte" zu einer „Freilegung von Mentalitäten" beitragen. Damit soll sie in eine umfassende „Geschichte der kognitiven und semantischen Strukturen" einer vergangenen Gesellschaft einfließen, indem sie einen Zugang zu den ethischen, affektiven und kognitiven Dispositionen und darüber hinaus zum gesamten Repertoire an Vorstellungswelten, Wahrnehmungs-, Deutungs- und Denkmöglichkeiten er-

---

[10] Begriffe nach *Reichardt*, Historische Semantik, 24.
[11] Vgl. *Koselleck*, Vergangene Zukunft, 114 ff., 121, 123; *ders.*, Sozialgeschichte und Begriffsgeschichte, 89 ff., auch zum Folgenden.

öffnet.[12] Theoretisch und methodisch trifft sich dieser Ansatz etwa mit den neuen Konzeptionen einer „symbolorientierten Sozialgeschichte", die nach *Ute Daniel* eben auch „die sinnstiftende, wertende und deutende Tätigkeit der historischen Subjekte als konstitutives Element jeder sozialen Welt" in den Blick nehmen muß[13], respektive einer kulturgeschichtlich begründeten Mentalitätsgeschichte, die danach fragt, wie „zu verschiedenen Zeiten und Orten eine gesellschaftliche Realität faßbar, denkbar, lesbar geworden ist"[14].

*

Nicht nur aus Gründen der Quellenlage stellen solche Programme für die Althistorie eine neue Herausforderung dar, die mittlerweile zumindest erkannt und auch angenommen wird – die einschlägigen konkreten Fragen und Themen werden noch genauer zu kennzeichnen sein. Hier muß zunächst noch einmal allgemein auf die Anfänge und Impulse dieser Neuorientierung eingegangen werden. Schon vor der programmatischen Formulierung dieser Ansprüche war die „Freilegung" der eigentümlichen „Mentalität" eine vage Hoffnung der ersten begriffsgeschichtlichen Versuche gewesen, und seitdem ist es bei diesem ambitionierten Ziel geblieben, als es darum ging, die besondere „kollektive Moral" des republikanischen *populus Romanus* und seiner Elite gewissermaßen detailliert zu decodieren. Der Schlüssel dazu sollte eben eine moderne begriffsgeschichtliche Analyse jener konkreten Wertkonzepte sein, die erst in ihrer Vernetzung und als Geflecht das sogenannte „Staatsethos" ausmachten. Es ging also zunächst um jene „Wertbegriffe", die schon in der traditionellen, einseitig philologisch orientier-

---

[12] Vgl. *Reichardt*, Historische Semantik, 24 bzw. 12, im Anschluß an *Koselleck* einerseits und *Lottes*, „State of the Art", 42 ff., andererseits. Zu diesen allgemeinen Zielsetzungen der „Mentalitätsgeschichte" vgl. *Raulff* (Hrsg.), Mentalitäten-Geschichte (darin *ders.*, Vorwort, 9 f.); *Dressel*, Historische Anthropologie, 263 ff.; *Burke*, Eleganz, 219 ff.; und allgemein bereits *Sellin*, Mentalität, 555 ff.; *ders.*, Mentalitäten, 101–121; *Daniel*, Clio unter Kulturschock, 200 ff.; *dies.*, Kompendium Kulturgeschichte, 221 ff.
[13] *Daniel*, Quo vadis, Sozialgeschichte?, 60; vgl. *dies.*, „Kultur" und „Gesellschaft", 71 ff., 92 ff.; *dies.*, Kompendium Kulturgeschichte, 7 ff. S. ferner *Sieder*, Sozialgeschichte, 460 ff.; *van Dülmen*, Kulturforschung, 412 ff., 420 ff. Die Debatte wird fortgesetzt: Vgl. nur *Mergel/Welskopp*, Geschichtswissenschaft und Gesellschaftstheorie, 9 ff.; *Medick*, Quo vadis, Historische Anthropologie?
[14] *Chartier*, Die unvollendete Vergangenheit, 11 f., 17, 21 f. zu „Repräsentationen" und „Praktiken" als „Aneignungsweisen" von „gesellschaftlichen und begrifflichen Konfigurationen".

ten und theoretisch nicht reflektierten „Einzelwort-Lexikographie" thematisiert worden waren[15]: Im Mittelpunkt standen dabei natürlich die Begriffe für die klassischen, „typisch" römischen „Tugenden" der Leistung und selbstlosen Pflichterfüllung, des rastlosen Einsatzes und der Standhaftigkeit – nicht nur, aber vor allem im Krieg (*virtus, fortitudo, constantia* etc.); für persönliche Qualitäten wie etwa Verläßlichkeit bei der Honorierung aller Arten von sozialen Verpflichtungen (*fides*; *gratia*) und erfahrungsgesättigte Klugheit und pragmatisch-kalkulierende Abwägung – vor allem in politischen Entscheidungsprozessen (*sapientia* etc.). Dazu gehören aber auch die Begriffe, die den Code des angemessenen Verhaltens und des würdigen Auftretens, der Haltung und Hexis umschreiben (*gravitas* etc.) – wiederum zunächst und vor allem in öffentlich sichtbaren politischen und gesellschaftlichen Rollen. Und nicht zuletzt sind auch alle Konzepte, welche die Prämien für Leistung und Erfolg (natürlich wieder in Politik und Krieg) bezeichnen, in diesem Zusammenhang zu thematisieren: Ruf und Reputation (*fama, existimatio*); Ruhm (*gloria*); Ansehen, Rang und Einfluß (*dignitas* und *auctoritas*) und vor allem „Ehre" und konkrete „Ehrungen", die ganz konkret in den (höheren) öffentlichen Ämtern bestehen (*honos* respektive *honores*).

Detaillierte Einzelstudien liegen zwar noch längst nicht zu allen wichtigen Begriffen vor. Immerhin sind mittlerweile schon einige generelle Grundlinien deutlich geworden, die jenseits der komplexen Bedeutungsvielfalt der einzelnen Begriffe den „Wertehimmel" als ein vernetztes System strukturieren.[16] Das immer wieder betonte Spezifikum dieser Begriffswelt besteht zunächst darin, daß diese Wertkonzepte durchweg als Leitbegriffe eines öffentlich sichtbaren, ja geradezu kontrollierbaren sozialen und politischen Verhaltens zu verstehen sind: *Viktor Pöschl* hat sie daher als „Relationsbegriffe" bezeichnet, die auf eine enge und ver-

---

[15] *Hellegouarc'h*, Vocabulaire; *Eisenhut*, Virtus Romana; *Moussy*, Gratia; *Lind*, Concept; *ders.*, Tradition; *ders.*, Liberty; *ders.*, Morality I, II; *ders.*, Thought; *Drexler*, Grundbegriffe; *Moore*, Artistry and Ideology; *Miles*, Livy; *Thome*, Wertvorstellungen, und neuerdings noch *Gärtner*, Politische Moral; *Köves-Zulauf*, Virtus, und *Schneider*, Handeln, 48 ff.

[16] S. dazu insgesamt *Earl*, Tradition; *Groß*, Gravitas, 752 ff.; *Hölkeskamp*, Nobilität, 207 ff., 248 ff.; *ders.*, Conquest, 29 ff.; *ders.*, Fides, passim; *Classen*, Virtutes Romanorum, 289 ff. (= ders., Literatur und Gesellschaft, 243 ff.); *ders.*, Wertbegriffe; *Pani*, Politica, 43 ff. Vgl. dazu allgemein *Haltenhoff*, Wertbegriff, 16 ff., sowie die übrigen Beiträge in *Braun* u. a. (Hrsg.), *Moribus antiquis*, und in Linke/ Stemmler (Hrsg.), Mos maiorum. S. neuerdings auch *Lendon*, Empire of Honour, 30 ff.; *Roller*, Autocracy, 20 ff. (für die Kaiserzeit); *Stemmler*, Institutionalisierte Geschichte, 221 ff., sowie *Barton*, Roman Honor, 34 ff.

läßliche „Partnerschaft" zwischen Individuen, Gruppen, Ständen und Generationen verweisen.[17] Konkret konzeptualisieren sie Aspekte und Fundamente einer solchen „Partnerschaft" wie etwa die Anerkennung der Gegenseitigkeit von *officia* und *beneficia*, die unbedingte Einlösung der sich daraus ergebenden Verpflichtungen – dazu gehört nicht zuletzt die selbstverständliche Honorierung von Leistung und Erfolg in Politik und Krieg – und auch die ungewöhnliche Wirkungsweise und Disziplinierungskraft, die den gewissermaßen individuell wie sozial internalisierten Vorstellungen und Maßstäben von „Ansehen", Status und „Ehre" (und der Angst vor ihrem Verlust und vor der daraus resultierenden „Scham") eignete.

Damit ist bereits die andere Besonderheit dieses Wertesystems berührt: Die einzelnen Wertkonzepte haben immer auch (direkt oder indirekt, explizit oder implizit) die Konnotation, daß diese „Partnerschaft" niemals gleich ist, sondern immer und überall mehr oder weniger von einem Gefälle der Kraft und Fähigkeit zur Realisierung dieser Pflichten, Leistungen und Ansprüchen geprägt ist, das eine hierarchische Distanz zwischen Starken und Schwachen, Überlegenen und Unterlegenen, Befehlenden und Gehorchenden begründet und reproduziert – und das gilt eben nicht nur für jene Begriffe wie *imperium, honos, dignitas* und *auctoritas*, in denen das Gefälle soziopolitischer Macht offen und offensiv konzeptualisiert wird.[18] Wenn man diese Diagnose hier einmal im Jargon der modernen Theoriedebatte formulieren will: Dem Diskurs der Reziprozität sozialer Beziehungen ist die allgegenwärtige Asymmetrie dieser Beziehungen gewissermaßen von vornherein eingeschrieben.

Tatsächlich beherrschen diese Begriffe, die man auch als „Sinnkonzepte" bezeichnen könnte[19], nicht nur jene Sprache der Politik, der Agitation und der öffentlichen Argumentation im Senat, auf dem Forum Romanum und vor Gericht, wie sie sich ganz unmittelbar in den entsprechenden Quellen niedergeschlagen hat[20]. Die einschlägige Begrifflich-

---

[17] *Pöschl*, Wertbegriffe, 189 ff. Vgl. neuerdings dazu *Cosi*, Le solidarietà. S. zum Folgenden auch die eigenwilligen, aber unbedingt diskussionswürdigen Ansätze von *Barton*, Roman Honor, deren Versuch, „the most complex understanding of the spiritual and emotional life of the ancient Romans" zu bieten (S. XI), immer wieder auf die totale soziale Vernetzung der Träger dieser Emotionen (oder ihre Ausgrenzung als Strafe) zurückführt.

[18] Vgl. *Richardson, Imperium Romanum*; *Lind*, Tradition, 22 ff., 29 ff., 38 ff.; *Pöschl*, Würde; *Rilinger, Ordo* und *dignitas*, 81 ff.; *Hölkeskamp, Fides*, 232 ff.

[19] Vgl. dazu *Rüsen/Hölkeskamp*, Einleitung, 1 ff.

[20] Es handelt sich natürlich um die gleichen Texte, auf die *Millar* seine Rekonstruk-

keit durchdringt auch alle anderen gesellschaftlichen, religiösen und literarischen Diskurse, soweit sie überhaupt rekonstruierbar sind, bis hin zu Formeln, Wendungen und Metaphern, banalen Weisheiten und Worthülsen. Gerade deswegen erscheint es legitim, diese Begriffe als Schnittstellen zwischen der „Oberfläche" politischer Rhetorik und expliziter Ideologien einerseits und der „Tiefenstruktur" der unstrittigen und nicht hinterfragten, zu Selbstverständlichkeiten eingerasteten und nicht einmal mehr reflektierten Werte, Grundüberzeugungen, Vorstellungen und Vorurteile (im doppelten Sinne) andererseits zu „lesen". Auf diesem Wege wird in der neueren Forschung weiterhin versucht, jenen besonderen Grundkonsens so differenziert wie möglich zu beschreiben und seine Breite und Tiefe auszumessen, auf den die erwähnte „parteiungstheoretische" Frage nach Art und Umfang des nicht (mehr) Strittigen gezielt hatte und der zuerst mit der erwähnten Konzeption der „kollektiven Moral" einer „monistischen Gesellschaft" umschrieben worden war: Genau das ist die generelle Zielrichtung der neueren Arbeiten zu Konzept und konkreten Inhalten, Begriffen und sonstigen Ausdrucksformen des komplexen Werte- und Regelkanons, der mit dem bereits erwähnten Begriff *mos maiorum* bezeichnet wurde.[21]

Über die allgemeine Diagnose des „Monismus" hinaus bleibt allerdings der dabei ebenfalls von Anfang an betonte, ungewöhnlich ausgeprägt bzw. weitreichend erscheinende Verbindlichkeits- und Wirkungsgrad erklärungsbedürftig – anders gesagt, die eigentümliche „Gehorsamstiefe" des *populus Romanus*[22] darf nicht einfach vorausgesetzt oder allenfalls mit einem gewissen Staunen (oder gar einer konservativ-nostalgischen Bewunderung) festgestellt werden, sondern muß als eigenes, spezifisches Problem einer gesellschafts- und kulturgeschichtlichen Analyse der römischen Republik begriffen werden: Geltungsgründe und Wirkung der Wertvorstellungen verstehen sich ebensowenig von selbst wie ihre konkrete Umsetzung in die daraus abgeleiteten Verhaltenscodes und die davon angeleiteten gesellschaftlichen und politischen Praktiken.

tion der politischen Kultur der (späten) Republik wesentlich stützt – den begriffsgeschichtlichen Zugang und die o.g. Einzelergebnisse hat er allerdings systematisch ignoriert. Vgl. *Hölkeskamp, Oratoris maxima scaena*, 38 ff.

[21] Vgl. dazu die Angaben oben Kap. II mit Anm. 18 ff., sowie *Lind*, Tradition, 48 ff., und zuletzt *Blösel, Mos Maiorum*, 25 ff.

[22] *Flaig*, Lebensführung, 194; *ders.*, Repenser, 20 ff.; *ders.*, Entscheidung, 105, und jetzt *ders.*, Ritualisierte Politik, 13 ff.; *Goltz, Maiestas*, 243 f.

V. Von den „Konzepten" zur „politischen Kultur": Horizonte und Chancen theoriegeleiteter Ansätze

Dazu ist es allerdings nötig, die detaillierte begriffsgeschichtliche „Entzifferung" der Kollektivmoral in das noch umfassendere Projekt einer Gesamtbeschreibung der römisch-republikanischen „politischen Kultur" zu integrieren[1] – ebenso wie den erwähnten „parteiungstheoretischen" Ansatz. Denn in Erweiterung und Ergänzung zu diesem Ansatz geht es dabei nicht mehr nur um die Inhalte konkreter Politik, um das Entscheiden und Handeln von Magistraten, Feldherren und Senat, und es geht auch nicht (nur) um die sozialen Rahmenbedingungen, Institutionen und formalen Verfahren des „Subsystems" des Politischen. Vielmehr rückt hier das, was die Parteiungstheorie nur indirekt thematisiert hatte, in den Mittelpunkt des Interesses, nämlich das, was gerade nicht zum Gegenstand des politischen Handelns und der bewußten Reflektion werden kann und das dennoch als Teil, ja als wesentliches Fundament dieses Systems anzusehen ist. Dabei handelt es sich eben nicht nur um die geltenden Wertvorstellungen und ihre Begriffe, die allgemein geteilten Gewißheiten und Überzeugungen bezüglich Ordnung, Sitten und Bräuchen, sondern auch um ganze Wirklichkeits- und Weltbilder und um Systeme der Wahrnehmung, Deutung und Beurteilung der Lebenswelt – mithin um das, was man in anderen Zusammenhängen als „nomologisches Wissen" bezeichnet hat: Dieses Wissen hat ja nicht nur eine normative Seite, sondern bezieht sich immer auch auf die Lebenswelt, indem es „Rezeptwissen", Begriffe und Muster für die Wahrneh-

---

[1] Vgl. zu Geschichte und Theorie der „politischen Kultur" als Gegenstand etwa *Rohe*, Politische Kultur; *Lipp*, Politische Kultur, mit weiteren Nachweisen. Das Ziel ist ein umfassend-integrativer Ansatz, der einerseits natürlich keinen neuen Gegensatz zwischen „Struktur-" und „Ereignisgeschichte" aufmachen will – so *Bleckmann*, Nobilität, 16 mit Anm. 1 – und andererseits eben die konventionelle, säuberlich trennende Kompartimentalisierung der Ebenen und Zugänge überwinden soll. Das ist wiederum in *Bleckmanns* einleitender Diagnose der derzeitigen Entwicklung übersehen: „*Neben* eher thematische Untersuchungen einzelner Aspekte, etwa der Klientelen, der senatorischen Selbstdarstellung, der Rolle des Reichtums *oder* (!) der ‚politischen Kultur' treten Arbeiten, die eine bestimmte Epoche in der Entwicklung dieser aristokratischen Führungsschicht (scil. der Nobilität) beschreiben" (*ders.*, Nobilität, 9 [Hervorhebungen von mir, K.-J. H.]).

mung und Deutung der Realität und des Alltags bereitstellt.[2] Dieses tief verwurzelte Wissen ist vortheoretisch und wird nicht reflektiert (und es ist gerade deswegen in historisch fernen und quellenarmen Epochen nur schwer und partiell zu heben).

Grundsätzlich muß jedenfalls damit gerechnet werden, daß diese Ebene der kollektiven ethischen und kognitiven Dispositionen immer und überall auch die Einstellungen zu Politik, ihren Spielräumen, Gegenständen und Grenzen, die Anforderungen an politische Führung und die gesellschaftlichen Erwartungen an die einzelnen Handelnden wie an ganze politische Klassen, ihre Fähigkeiten und Möglichkeiten vielfach beeinflussen und sogar wesentlich steuern. Vor allem gilt das auch umgekehrt, nämlich für die Art und Weise der Erfüllung solcher Erwartungen durch die Handelnden, ihr individuelles und kollektives Selbstverständnis und ihre Selbstdarstellung, ihre Verhaltensmuster und Rollen – es gilt mithin für die gesamte komplexe „Dramaturgie" politischen Handelns und öffentlichen Auftretens überhaupt und damit für alle Formen und Ebenen des Umgangs einer politischen Klasse mit ihren individuellen Angehörigen, mit sich selbst als Gruppe wie mit den Beherrschten, wiederum individuell und kollektiv.

Eine politische Kultur hat also nicht nur eine „Inhaltsseite", sondern auch eine „Ausdrucksseite" und eine dementsprechende „kognitive" Seite, sie hat symbolische, affektive und ästhetische Dimensionen, die etwa für die Reproduktion der Legitimität des politischen Systems und die Vergewisserung des „Sinns"[3] bzw. der Sinnhaftigkeit von Politik und politischem Handeln, die Bestätigung von Zugehörigkeit und die Erzeugung von Zustimmung, die Stiftung und Pflege der kollektiven Identität der Gruppe, etwa einer Bürgerschaft oder auch einer sozialen bzw. politischen Elite, konstitutiv sind. Dazu gehört ein jeweils kultur-, epochen- und gesellschaftsspezifischer Haushalt an symbolischen Ausdrucksformen: Theateraufführungen und Spiele, Feste, Zeremonien und alle Arten von „civic rituals", zu denen in dieser Hinsicht auch formale Verfahren der politischen Entscheidungsfindung zu zählen sind – es ist ja längst anerkannt, daß „symbolisch-zeremonielle" bzw. „-expressive

---

[2] Vgl. etwa *Hölkeskamp*, Nomos, 132 ff., 139; *ders.*, Institutionalisierung, 89 f., mit weiteren Nachweisen.

[3] Vgl. zum Begriff des „Sinns", auch als kulturwissenschaftliche Kategorie *Rüsen/Hölkeskamp*, Einleitung. In diesen Zusammenhang gehören auch die weiterführenden anthropologischen und vergleichenden Überlegungen von *Martin*, Zwei Alte Geschichten. S. auch *Flaig*, Ritualisierte Politik, 9 ff.

Funktionen" und Formen von Ritualen einerseits und „technisch-instrumentelle Funktionen" von Verfahren, die auf „ergebnisoffene Entscheidungsfindung" oder formale Inkraftsetzung zielen, andererseits sich eben „nicht einfach bestimmten Verfahrenstypen oder gar historischen Entwicklungsphasen zuordnen" lassen; genuin „politische Verfahren" und rational anmutende „Geschäftsordnungen" hier und Zeremonien und Rituale da sind in vormodernen Institutionskulturen schon gar nicht genau voneinander zu trennen.[4]

Auf je verschiedene Weise dienen alle Verfahren, Zeremonien und „civic rituals" immer auch der regelmäßigen Reproduktion respektive affirmativen Bestätigung der „indigenous civic identity and ideology", so *Edward Muir*, nämlich einer „Identität", die auf einem breiten Konsens über soziale Normen und Werte beruht[5]: Diese Rituale inszenieren diese Werte und bestätigen dabei deren Geltung; zugleich dienen sie nach *Muir* auch noch als „medium of discourse" zwischen den daran beteiligten (und diese Werte teilenden) Klassen, Ständen oder gesellschaftlichen Gruppen – das gilt erst recht in einer politischen Kultur, die man treffend auch als „civilisation du spectacle" bezeichnet hat.[6] In einem weiteren Sinne gehört daher auch das ganze Spektrum der Gesten des Umgangs, der Foren und Formen der Kommunikation zwischen Hoch und Gering, Senatoren und Volk, Patronen und Clienten, Magistraten und Versammlungen, Feldherren und Soldaten, Volkstribunen und *plebs* in diesen Zusammenhang.[7]

---

[4] Vgl. dazu die anregende Übersicht von *Stollberg-Rilinger*, Einleitung, 9 ff. (dort auch die zitierte Begrifflichkeit); vgl. zum Erklärungspotential einer systemtheoretischen Konzeptualisierung des Verfahrens *Sikora*, Sinn des Verfahrens, 25 ff.

[5] Vgl. zu diesem Konzept *Muir*, Civic Ritual, 5 und passim. S. auch *Trexler*, Public Life, sowie allgemein *Edelman*, Politik als Ritual; *Dittmer*, Political Culture, 552 ff.; *Muir*, Early Modern Europe, 1 ff., 229 ff. und passim, mit umfangreichen kommentierten Bibliographien. Vgl. auch die Einleitungen zu *Wilentz* (Ed.), Rites of Power, und *Cannadine/Price* (Eds.), Rituals of Royalty, ferner *Bergmann/Kondoleon*, Introduction, 9 ff., mit weiteren Nachweisen; s. ferner die übrigen Beiträge in dem Band von *Bergmann/Kondoleon* (Eds.), Art of Ancient Spectacle. *Nippel*, Sozialanthropologie, 315 ff., formuliert einige Vorbehalte hinsichtlich der Aussagekraft dieser Kategorien der „symbolic anthropology".

[6] Zum Konzept s. *Dupont*, L'acteur-roi, 19 ff. Vgl. auch *Parker*, Spectacle, 163 ff.; *Feldherr*, Spectacle, 10 ff. u.ö.

[7] Vgl. *Hopkins*, Violence, 484 ff., 492 ff.; *David*, „Eloquentia popularis"; *ders.*, Compétence sociale; *Flaig*, Lebensführung; *ders.*, Entscheidung; *ders.*, Volksversammlung, 49 ff.; *ders.*, Ritualisierte Politik, passim; *Purcell*, City, 680 ff.; *Hölkeskamp*, Oratoris maxima scaena; *Bell*, Spectacle, 1 ff.; *Laser*, Bedeutung, 31 ff., 89 ff. u.ö.; *Gruen*, Oligarchy, 220 ff.; *Jehne*, Jovialität, 207 ff.; *Favro*, City, 205 ff. Vgl. all-

Zu den besonders vielschichtigen und daher vielsagenden „civic rituals" gehörte das opulente Spektakel des Triumphes, in dem ein Imperiumsträger als siegreicher Feldherr an der Spitze seines Heeres in die Stadt zurückkehrte und durch die zentralen öffentlichen Räume vom Marsfeld über das Forum Romanum bis zum Capitol zog: Diese Prozession mit ihren traditionellen, daher immer wieder sofort erkennbaren konstitutiven Elementen – vom symbolgeladenen Aufzug des Triumphators selbst über die Präsentation der Beute bis hin zu den Spottgesängen der mitziehenden Truppen – bildete ein komplexes System von Zeichen und Botschaften, das sich nicht in einer bloßen Repräsentation der Sieghaftigkeit erschöpfte.[8] Zu den wichtigen, in jedem Sinne des Begriffs repräsentativen „civic rituals" zählen natürlich auch die anderen *pompae*, etwa bei den Zirkusspielen, bei den zahlreichen religiösen Festen[9] oder bei Begräbnissen; und nicht zu vergessen sind schließlich die vielen geradezu alltäglichen religiösen Zeremonien vor Staatsakten, Senatssitzungen und Volksversammlungen und das komplizierte, eben auch ritualisierte und symbolisch bedeutungsvolle Regelwerk dieser Versammlungen selbst, wenn sie zu Wahlen und anderen Abstimmungen auf dem Marsfeld oder auf dem Forum zusammentraten.

Dieses Regelwerk – vor allem die Rituale des Zusammentretens der Bürger auf Anordnung des versammlungsleitenden Magistrats und der folgenden Abstimmungen nach Klassen und Centurien bzw. Tribus – diente auf eine für alle Beteiligten konkret erfahrene und daher besonders eindringliche Weise der Inszenierung und Affirmation von Zugehö-

---

gemein zu „Zeremonien" und „Ritualen" aller Art als Formen und Medien „symbolischer Kommunikation": *Cannadine/Price* (Eds.), Rituals of Royalty; *Althoff*, Spielregeln 229 ff. und passim; *ders.*, Rituale; *ders.*, Macht der Rituale, jeweils mit weiteren Nachweisen.

[8] Das ist ebenfalls noch nicht umfassend aufgearbeitet worden – dazu demnächst *Itgenshorst, Tota illa pompa*. Vgl. einstweilen *Hölscher*, Die Alten vor Augen, 194 ff.; *Hölkeskamp*, Capitol, 108 ff., sowie bereits *Nicolet*, World, 352 ff.; *Marshall*, Symbols, 123 ff.; *Rüpke, Domi militiae*, 223 ff.; *Favro*, Street, 151 ff.; *Brilliant*, „Let the Trumpets Roar!", 221 ff.; *Holliday*, Origins, 22 ff.; wichtig neuerdings – trotz der bemüht extravaganten Schlußfolgerungen – *Flaig*, Triumphe, 299 ff., sowie *ders.*, Ritualisierte Politik, 32 ff., auch zum Folgenden. Interessantes Vergleichsmaterial und eine umfangreiche Bibliographie bieten *Wisch/Munshower* (Eds.), „All the world's a stage...", sowie *Wilentz* (Ed.), Rites of Power; *Althoff*, Rituale, und *ders.*, Macht der Rituale.

[9] Vgl. dazu *Wissowa*, Religion, 449 ff., sowie die Übersicht bei *Franz Bömer*, in: RE 21/2, 1952, 1974 ff., s.v. Pompa, B. Rom; *Stambaugh*, City, 221 ff., sowie zuletzt *Bernstein, Ludi publici*.

rigkeit und Integration, wie *Martin Jehne* jüngst herausgearbeitet hat[10]:
Die Zugehörigkeit des einzelnen *civis Romanus* zu einer Statusgruppe
bzw. zu einem Bürgerbezirk wurde dabei ebenso sichtbar wie die Zu-
sammengehörigkeit dieser Gruppen und ihre Rolle im Rahmen des größeren Ganzen der *res publica*. Darüber hinaus kam in den Centuriatcomitien auch noch sinnfällig die hierarchische Ordnung des *populus Romanus* nach Rang und Vermögen zu einer regelmäßigen, sich wiederum
rituell wiederholenden Darstellung. Dagegen stand in den *comitia tributa* und den *concilia plebis* die (formale) Gleichheit aller Bürger, die in
einem Bezirk des Bürgergebietes ansässig und daher in die jeweilige
Tribusliste eingetragen waren, deutlich im Vordergrund – und durch die
jeweils unterschiedlichen Abstimmungsverfahren der verschiedenen
Formen der Volksversammlung wurde die Sichtbarkeit und konkrete Erfahrbarkeit der „Hierarchisierung" respektive „Egalisierung" der ab-
stimmenden Bürger noch verstärkt: Denn im Gegensatz zur Ordnung
der Centuriatcomitien gab es bei den Tribusversammlungen keine feste,
eben hierarchische Reihenfolge der Abstimmung, hier wurde die Rei-
hung der Stimmeinheiten ausgelost. Vertikale und horizontale, hierarchisch und egalitär ausgelegte Zugehörigkeitsstrukturen ergänzten und
überschnitten sich also, so daß ein besonders dichtes Netz von Integra-
tionsebenen entstand, in dem jeder römische Bürger, jede Gruppe und
jeder „Stand" einen festen Platz und eine definierte Beziehung vor allem
zu darüber und darunter positionierten Ebenen hatte: In diesem Netz bestätigten und stabilisierten sich Integration und „bürgerliche" Identität,
Hierarchie, Ein- und Unterordnung gegenseitig.

*

Zum Haushalt der „Ausdrucksseite" gehören schließlich noch andere
Medien und Zeichensysteme, mit denen die erwähnten Grundwerte und
Orientierungen, das Selbstverständnis und die kollektive Identität einer
politischen Einheit wie der *libera res publica* vermittelt bzw. sinnfällig
repräsentiert und reproduziert, dauerhaft sichtbar und sinnlich erfahrbar
gemacht wurden: die Monumente, Tempel und andere Bauten, Denkmäler, Statuen und andere Bilder mit ihren spezifischen, akzeptierten
und für jedermann erkenn- bzw. lesbaren Themen, Topoi, „Texten" und

---

10 *Jehne*, Integrationsrituale. S. auch *Nicolet*, World, 383 ff. *Purcell*, City, 645, hat
dafür den Begriff „registeredness" geprägt: „a system of recording, docketing and
assessing the precise place, in a hierarchy of means and status, of all citizens". Vgl.
auch *David*, République, 22 f.

„Sprachen".[11] Dazu gehören die Heiligtümer für neue Gottheiten, die nichts anderes als deifizierte Wertvorstellungen waren (z. B. *Salus rei publicae, Honos et Virtus, Fides*)[12] ebenso wie die anspielungsreichen Beutedenkmäler und Triumphalbilder[13], die zahllosen Ehrenstatuen mit ihren Inschriften[14] und andere in vielsagende Bilder umgesetzte *exempla virtutis*[15]: Die zahlreichen Monumente der Siege auf dem später sprichwörtlichen „Felde der Ehre" waren immer auch Bilder der durch diese Siege bestätigten und erneuerten Grundorientierungen. Ein frühes und durchaus im doppelten Sinne repräsentatives Beispiel für die ebenso suggestive wie unmißverständliche „Sprache" solcher Monumente ist jenes Monument, das gleichzeitig der Verewigung des Seesieges über die Karthager zu Anfang des ersten Punischen Krieges und der Ehrung des Consuls diente, der damals, im Jahre 260, die römische Flotte kommandierte, C. Duilius: Schon die Form war eine deutliche Anspielung – es handelte sich um eine *columna rostrata*, also ein Säulenmonument, das mit Schiffsschnäbeln geschmückt war; und die wahrscheinlich auf dem Sockel der Säule angebrachte Inschrift hielt dann den Anlaß genau fest, belegte die Größe des Sieges mit Zahlen eroberter bzw. versenkter Schiffe und sonstiger Beute und erwähnte natürlich auch, daß der siegreiche Feldherr mit einem *triumphus navalis*, dem ersten dieser Art, geehrt worden war.[16]

---

[11] Dazu grundlegend *Hölscher*, Anfänge, 315 ff.; *ders.*, Geschichtsauffassung, 265 ff.; *ders.*, Staatsdenkmal; *ders.*, Nobiles, 73 ff.; *ders.*, Die Alten vor Augen, auch zum Folgenden; S. ferner *Hölkeskamp*, Conquest, 26 ff.; *ders.*, Exempla, 305 ff.; *ders.*, Capitol, sowie bereits – mit durchaus unterschiedlichen Akzenten und Perspektiven – die früheren Arbeiten von *Coarelli*, jetzt in: *ders.*, Revixit Ars; *Richardson*, Urban Development, 390 ff. und 392 ff. („The Impact of Empire"); *Wallace-Hadrill*, Roman Arches; *Gruen*, Culture, 84 ff., 131 ff. und passim; *ders.*, Oligarchy, 217 ff. und passim; *Lahusen*, Pathos, 199 ff., und zuletzt *Holliday*, Origins, passim. Vgl. zur Widerspiegelung der sinnlich erfahrbaren „Urbanität" der Stadt und ihrer Topographie in der römischen Literatur vor allem *Edwards*, Writing Rome; *Jaeger*, Livy's Written Rome; *Feldherr*, Spectacle; *Vasaly*, Representations.
[12] Vgl. *Fears*, Cult of Virtues, 827 ff., und jüngst *Spannagel*, Vergegenwärtigung, 237 ff.
[13] Vgl. dazu *Sehlmeyer*, Ehrenstatuen; *ders.*, Leistung, 271 ff. S. auch *Frischer*, Monumenta, 51 ff.; *Holliday*, Origins, 80 ff. und passim; *Edwards*, Incorporating the Alien, 44 ff., auch zum Folgenden.
[14] Vgl. dazu *Eck*, Elite, 31 ff.; *Alföldy*, Pietas immobilis erga principem, 11 ff., mit weiterer Literatur; neuerdings *Witzmann*, Leistungen, 55 ff., sowie etwa *Corbier*, L'écriture, 27 ff.; *Robert*, Quelques usages, 73 ff.
[15] Vgl. noch *Koortbojian*, Painted *Exemplum*, 33 ff.
[16] Plin. *naturalis historiae* 34, 20; Quintil. *Institutio oratoria* 1, 7, 12 und die Belege in: Inscr.It., Vol. XIII/1, 548. S. dazu *Laura Chioffi*, in: LTUR 1, 1993, 309 s.v.

Selbst in der „Gebrauchskunst" der Münzprägung einerseits und sogar in der hochentwickelten Kunst des Porträts andererseits läßt sich die zeichenhafte visuelle Umsetzung von Wertbegriffen und Verhaltensidealen wie *virtus* und *pietas, sapientia* und *fortitudo* beobachten[17], die schon in den bekannten Inschriften in der repräsentativen Grabanlage der Scipionen an der Via Appia die zentralen Leitbegriffe waren[18]. Überall sind Bilder und Botschaften, Formen und Inhalte, Oberfläche und Tiefenstruktur auf ebenso komplexe wie vielsagende Weise miteinander verschränkt. Die oben erwähnte neue „Kulturgeschichte" hat ja auch unseren Blick dafür geschärft, daß Leitbegriffe generell – wie die genannten „typisch römischen" Wertkonzepte – eben nicht nur in der politisch-sozialen Sprache einer Gesellschaft und ihren Metaphern, sondern auch in allen jenen „institutionalisierten", etwa visuellen und rituellen Ausdrucksformen kodiert sind, die der Selbstverortung einer Gesellschaft in einer identitätsstiftenden Tradition, ihrer Selbstbeobachtung und kollektiven Selbstvergewisserung dienen.[19]

Im konkreten Fall läßt sich aus dieser Perspektive die eigentümliche Doppelbödigkeit aller dieser Bilder und Botschaften besonders trennscharf charakterisieren: Einerseits betonen sie geradezu emphatisch die allgemeine und gleiche Geltung der erwähnten Kollektivmoral und ihrer tragenden Konzepte für das Volk wie für seine politische Klasse – die daraus abgeleitete Orientierung auf Herrschaft und imperiale Größe, die durch den moralisch verdienten und historisch legitimen, meßbaren Erfolg in der unwiderstehlichen Expansion immer neu bestätigt wird, kann und soll allen Beteiligten als Fundament einer homogenen Identität des ganzen *populus Romanus* erscheinen. Zugleich nimmt die politische Klasse dabei immer auch für sich in Anspruch, daß der imperiale Glanz

---

Columna rostrata C. Duilii; *Sehlmeyer,* Ehrenstatuen, 117 ff.; Vgl. zu der Inschrift (CIL I² 25 = VI 1300 = ILLRP 319), die zwar später zu datieren ist, aber als eine „insgesamt durchaus getreue Kopie des im dritten Jahrhundert angefertigten Titulus auf der Duilius-Säule gelten" darf, zuletzt erschöpfend *Bleckmann,* Nobilität, 116 ff., mit weiteren Nachweisen (Zitat 125).

[17] Vgl. dazu *Classen,* Zeugnis der Münzen, 257 ff. (= ders., Welt der Römer, 39 ff.), bzw. *Giuliani,* Bildnis, 197 ff. u.ö.; *Flaig,* Lebensführung, 208 f.; *Gruen,* Culture, 152 ff.; *ders.,* Oligarchy, 218 ff.; *Lahusen,* Pathos, 201 ff.

[18] CIL I² 2, 6 ff. = VI 1284–1294 = ILS Nr. 1 ff. = ILLRP, 309 ff. (danach in der Folge zitiert). Vgl. dazu zuletzt *Kruschwitz, Carmina,* 33 ff., 86 ff. S. ferner *Coarelli,* Sepolcro, 36 ff. (= ders., Revixit Ars, 179 ff.); *Flower,* Ancestor Masks, 160 ff.; *Pani,* Politica, 44 ff.

[19] Vgl. außer der oben Kap. IV, Anm. 12 ff., genannten Literatur noch *Kaschuba,* Kulturalismus, 87.

der Stadt und die Größe des Reiches allein und ausschließlich unter ihrer ebenso disziplinierten und entsagungsvollen wie stets überlegenen Führung erreicht worden sind und auch in Zukunft gesichert werden können – und erst recht bietet daher nur diese Führung Hoffnung und Verheißung weiterer Erfolge.

Dieser ebenso selbstbewußte wie selbstverständliche Führungsanspruch entsprach zugleich der strukturellen Asymmetrie aller sozialen Beziehungen, die im politischen Raum wiederum in einer auffälligen „Bewahrung der herrschaftlichen Komponente"[20] institutionalisiert war – das allgegenwärtige hierarchische Gefälle zwischen Senatoren und Bürgern, Magistraten und Versammlungen und eben den Trägern von *imperium auspiciaque* und den einfachen Soldaten der Legionen, die (nur) unter deren Führung die Welt erobern (können), ist selbst ein integraler Bestandteil der kollektiven Identität des *populus Romanus*. Gerade in dem erwähnten Ritual des Triumphzuges des siegreichen Feldherrn erscheint die Macht der Befehlsgewalt geradezu als conditio sine qua non imperialer Größe.

Die feste Ordnung von Befehl und Gehorsam, Autorität und Reverenz, Überlegenheit und Akzeptanz, Hoch und Gering spiegelte sich zugleich in der ehrfurchtgebietenden religiösen Aura, im Habitus und in den Symbolen der Macht wie Amtstracht, *sella curulis*, Liktoren und *fasces*[21], mit denen Magistrate und Feldherren in den öffentlichen Räumen der Stadt, des Feldlagers oder der Provinzen regelmäßig umgeben waren. Diese Ordnung wurde zudem durch einen gebieterischen Gestus des Befehls, der dem öffentlichen Auftreten und vielen offiziellen Handlungen etwa der Träger des *imperium* eignete, unmißverständlich dargestellt und geradezu sinnlich erfahrbar. Und schließlich waren auch die Monumente und Denkmäler wie die Rituale und Zeremonien immer Inszenierungen bzw. Visualisierungen von Überlegenheit durch Leistung für die *res publica* – auch sie brachten damit zumindest indirekt eben jene Hierarchien zur Darstellung, die der in den Bildern kodierte Anspruch auf Anerkennung, Autorität und „Adel" zugleich voraussetzte und immer neu begründete. Gerade den steinernen „Monumenten" im weitesten Sinne – also nicht nur den eigentlichen „Ehrendenkmälern",

---

[20] *Meier*, Res publica amissa, 48. Dieser Aspekt wird von *Millar* systematisch ignoriert.
[21] Vgl. dazu grundlegend *Gladigow*, Funktionen, 295–314; *Kolb*, Statussymbolik; *Marshall*, Symbols; *Schäfer, Imperii Insignia*; *Goltz, Maiestas*, 240 ff., mit weiteren Nachweisen.

den Statuen, Bögen und repräsentativen Grabmälern, sondern auch den von Consuln und Feldherren gestifteten Tempeln und sonstigen öffentlichen Bauten – kam dabei eine zusätzliche, sogar „entscheidend wichtige Funktion" zu, die den „civic rituals" der Natur der Sache nach fehlte und die doch eine besondere Rolle in dieser Kultur spielte. Diese Funktion bestand darin, so *Géza Alföldy* knapp und treffend, „die Gültigkeit der Rangunterschiede *auf Dauer* aufzuzeigen, nachfolgende Generationen zur Nachahmung entsprechender Verhaltensweisen anzuspornen und somit die soziale Hierarchie *für die Zukunft* zu festigen". Dabei ging es den Mitgliedern dieser Elite natürlich zunächst darum, „der eigenen Person Dauer zu verschaffen und damit Tod und Vergänglichkeit – *also auch der Gleichheit* – zu entkommen", wie *Werner Eck* bemerkt hat; und dazu kam es vor allem darauf an, „*memoria* zu schaffen"[22]: Gerade dieser Funktion mußte jedoch zugleich eine nochmals gesteigerte Bedeutung in einer Gesellschaft zukommen, die so sehr in und mit der glorreichen Geschichte des *populus Romanus* und seines Imperiums lebte und sich eben in einer in die Zukunft offenen Kontinuität der Größe und Herrschaft wußte – darauf wird sogleich zurückzukommen sein.

Diese Dimensionen der „Ausdrucksseite" der republikanischen politischen Kultur sind ebenfalls schon seit den achtziger Jahren zum Thema einer intensiven, längst nicht abgeschlossenen Diskussion geworden, die aus zwei Richtungen – zunächst unabhängig voneinander, dann im Dialog miteinander – initiiert und inspiriert wurde. Die theoretischen Anregungen, methodischen Ansätze und Sichtweisen der einschlägigen literarischen und monumentalen Zeugnisse kamen zunächst von *Tonio Hölscher, Paul Zanker* und ihren neuen „Schulen" der Klassischen Archäologie, die auch die Historiker gelehrt haben, alle Formen bzw. Gattungen der „Repräsentationskunst", ihre Medien und Themen, die eigene und eigentümliche „Macht der Bilder" und ihrer Botschaften als „semantische Systeme" und Ausdrucksweisen antiker Gesellschaften und ihrer spezifischen sozialen und kulturellen Kontexte zu begreifen.[23]

---

[22] *Alföldy, Pietas immobilis erga principem*, 38, respektive *Eck*, Elite, 31 (Hervorhebungen von mir, K.-J. H.).
[23] Vgl. dazu grundlegend *Hölscher*, Bilderwelt; *ders.*, Bildsprache; *Zanker*, Augustus (und dazu die Rezensionen von *Géza Alföldy*, in: Gnomon 61, 1989, 407–18; *Wallace-Hadrill*, Cultural Revolution). S. auch die ersten Bilanzen der Entwicklung wiederum von *Zanker*, Nouvelles Orientations, 281 ff., und *Hölscher*, Klassische Archäologie, 197 ff., sowie zuletzt ihre Beiträge in *Borbein/Hölscher/Zanker*, Klassische Archäologie; *Smith*, Use, 59 ff. Vgl. zur konkreten Sache bereits *Hölscher*, Anfänge; *ders.*, Geschichtsauffassung; *ders.*, Bedeutung der Münzen; *ders.*, Nobi-

Im Zuge der allgemeinen Diskussion um das Konzept des „kulturellen Gedächtnisses" und seine Bedeutung für das Verständnis vormoderner Mentalitäten, die sich derzeit vor allem mit den Namen *Jan* und *Aleida Assmann* verbindet[24], erschien dann auch die (an sich gar nicht neue) Frage nach Gegenständen und Funktionen des „Erinnerns" bzw. der eigenen Geschichte in der Kultur der mittleren und späten Republik in neuem Licht: Die Konstituierung einer spezifisch römisch-republikanischen kollektiven Identität – und (damit) des erwähnten breiten moralisch-ideologischen „Konsenses" – durch ein breites Spektrum von Formen und Medien der (Re-)Konstruktion der eigenen glorreichen Vergangenheit als Vorgeschichte der imperialen Größe späterer Gegenwarten läßt sich damit umfassend beschreiben, und die längst diagnostizierte auffällige allgegenwärtige Präsenz der vielschichtigen und vielfältig aufgeladenen *exempla maiorum* als „(Vor-)Bilder" aus dieser Geschichte kann jetzt in den weiteren Kontext der politischen Kultur als System eingeordnet werden.[25]

*

Die als besonders dicht erscheinende Vernetzung von abstraktem Wertekanon und „Ideologie", Regeln, kulturellen Praktiken und „civic rituals", Bildern und Botschaften konnte sich nur in einem spezifischen Kontext entwickeln, den man als „Stadtstaatlichkeit" bezeichnen könnte und der als eigener Typ (mit eigenen Varianten) ebenfalls längst in den Blick der neueren Forschung gekommen ist.[26] Diese Variante der

les; *ders.*, Die Alten vor Augen; *Hölskekamp*, Nobilität, 232 ff.; *ders.*, *Exempla*, 305 ff.; *ders.*, Capitol.
[24] *Assmann/Hölscher* (Hrsg.), Kultur; *Assmann*, Gedächtnis; *ders.*, Religion, 11 ff. Vgl. dazu die einschlägigen Beiträge in *Wischermann* (Hrsg.), Legitimität, ferner *Burke*, Eleganz, 67 ff., und die Hinweise bei *Hölskekamp*, *Exempla*, 301 ff.; *ders.*, Capitol, 98 ff., sowie neuerdings *Fried,* Erinnerung und Vergessen, 561 ff., und die Antworten von *Aleida* und *Jan Assmann* auf ihre Kritiker in: EWE 13, 2002, Heft 2.
[25] Vgl. dazu *Hölskekamp*, *Exempla*; *ders.*, Capitol, passim. Vgl. zum Begriff des *exemplum* bereits *Adolf Lumpe*, in: RAC 6, 1966, 1229 ff. S. zu verschiedenen Ebenen dieser „Erinnerungskultur" neuerdings *Mutschler*, Norm und Erinnerung, 87–124; *Stemmler, Auctoritas exempli*, 141 ff.; *ders.*, Institutionalisierte Geschichte, 222 ff.; *Walter*, Botschaft, 241 ff.; *ders.*, AHN, 255 ff.; *Miles*, Livy, 8 ff.; *Chaplin,* Livy's Exemplary History, passim; *Holliday*, Origins, 13 ff. und passim; *Blösel, Memoria*, 53 ff.; *Beck*, „Den Ruhm nicht teilen wollen", 73 ff., sowie die Fallstudie von *Flower*, ‚Memories' of Marcellus, 39 ff.; *Flaig*, Ritualisierte Politik, 69 ff.
[26] Vgl. dazu allgemein etwa die Einleitungen und einschlägigen Beiträge in den Sammelbänden von *Griffeth/Thomas* (Eds.) City-State in Five Cultures, und *Molho/*

„Staatlichkeit" läßt sich nicht allein durch die fundamentalen, aber sehr allgemeinen Kriterien definieren, die in den meisten sozialanthropologischen Theorien als konstitutive Merkmale der (frühen) Staaten gelten: ein Mindestgrad an Zentralisierung und Institutionalisierung von entpersonalisierter Herrschaft in Gestalt von permanenten und funktional differenzierten Organen; ein entsprechender Mindestgrad an Formalisierung der Interaktion zwischen diesen Organen in Form von geregelten Verfahren der Streitschlichtung und generell der Herbeiführung, Implementierung und gegebenenfalls Durchsetzung verbindlicher Entscheidungen; die Konsolidierung dieser Strukturen auf einem Territorium, das als Herrschaftsraum definiert und markiert ist – wobei das zuletzt genannte Kriterium schon nicht mehr unumstritten ist.[27]

Dieses Konzept hat zunächst den Vorteil, daß „Staatlichkeit" eben nicht eng und ausschließlich in autonomen, voll ausdifferenzierten Systemen verwirklicht erscheint und damit notwendig der Gesellschaft gegenübergestellt werden muß: Im Gegensatz zu einem maximalistischen Staatsbegriff braucht es weder diesen Dualismus, der erst in der Moderne entsteht und konzeptualisiert werden kann, noch beruht es auf voraussetzungsvollen, normativen und metahistorischen Annahmen über „Staatsgewalt" und „Souveränität", Gewaltmonopol und vollendete monolithische Zentralisierung als unabdingbaren Voraussetzungen[28], und es ist auch nicht auf einen sich daraus ergebenden einseitig „staatlich" fixierten und zugleich statischen Begriff der „Institution" angewiesen. Im Rahmen eines erweiterten Konzeptes von „Staatlichkeit" kann auch der Begriff der (politischen) Institution vielmehr allgemein

---

Raaflaub/Emlen (Eds.), City-States; *Nichols/Charlton* (Eds.), Archaeology of City-States; *Hansen* (Ed.), Comparative Study of Thirty City-State Cultures; *ders.* (Ed.) Comparative Study of Six City-State Cultures. S. außerdem *Burke*, City-States 137 ff.

[27] Vgl. dazu generell *Runciman*, Origins, 351 ff.; *Haas*, Evolution; *Eder*, Bürger, 17 ff., kritisch dazu *Martin*, Aspekte, 220 ff.; *van der Vliet*, Early Rome, 233 ff., sowie generell *Werner Conze*, Art. „Staat und Souveränität I–II", in: Geschichtliche Grundbegriffe 6, 1990, 5 ff. (s. die folgende Anm.). Die im Text vorgeschlagene minimalistische Definition ist, wie gesagt, keineswegs unumstritten etabliert – vgl. zum Stand der Debatte zuletzt *Feinman/Marcus* (Eds.), Archaic States.

[28] Vgl. dazu zuletzt *Walter*, Begriff, 9 ff., mit weiteren Nachweisen. *Walter* macht auch die Wurzeln der etwa von *Meier* vertretenen maximalistischen, „anti-universalistischen" Konzeption (allgemein zuletzt in: *Meier*, Bedarf, 264) namhaft – etwa *Carl Schmitts* Konzept eines „Zeitalters der Staatlichkeit" seit dem 16. Jahrhundert (15 ff.). Vgl. zu Geschichte und Bedeutungsebenen des Begriffs „Staat" generell *Hans Boldt/Werner Conze/Görg Haverkate/Reinhart Koselleck*, Art. „Staat und Souveränität", in: Geschichtliche Grundbegriffe 6, 1990, 1–154.

als „Regelsystem" definiert werden, das die Vorbereitung, Inkraftsetzung und Implementierung jener erwähnten gesamtgesellschaftlich relevanten und verbindlichen Entscheidungen strukturiert, die erst im Rahmen einer sich konsolidierenden „Staatlichkeit" möglich werden.[29] Solche „Regelsysteme" oder „Ordnungen" sind normative Strukturen, die aus der Wiederholung vergangenen Handelns und seiner Verstetigung zu wiederholbaren, verläßlichen Handlungsmustern entstehen und sich durch „Internalisierung" verfestigen. Erst in ihrer voll entwickelten Form (und keineswegs immer und zwangsläufig) können solche „Regelsysteme" schließlich die Gestalt von Ämtern, Ratsgremien und überhaupt „Organisationen" in einem modern-abstrakten Verständnis annehmen. In einem allgemein-anthropologischen Sinne zeichnen sich „Institutionen" zunächst nur durch eine relative Dauer bzw. Dauerhaftigkeit aus, die aus der erwähnten Verstetigung oder „Habitualisierung" von Handeln bzw. Handlungsmustern resultiert.[30] Schon daraus gewinnen sie wiederum ein Mindestmaß an Stabilität und entfalten zugleich eine ihnen eigentümliche Stabilisierungswirkung, indem sie dem Zusammenleben und Handeln in einer Gesellschaft bestimmte allgemein akzeptierte Formen und Regeln geben – mit einem solchen Konzept von „Institutionen" und „Institutionalität" wird sich in Zukunft noch am ehesten das in dem erwähnten *mos maiorum* beschlossene Regelwerk und dessen durch den *mos* begründete Bindungswirkung und Normativität beschreiben lassen.[31]

Die oben charakterisierten, im positiven Sinne minimalistischen, nämlich offenen und daher universalistischen Konzepte von „Staat(lichkeit)" und „Institution" sind also sehr wohl – auch ohne Verlust an begrifflicher Trennschärfe – auf vormoderne sozio-politische Formationen verschiedener Art anwendbar. Und sie sind gerade wegen der Offenheit

[29] Vgl. dazu und zum Folgenden *Hölkeskamp*, Institutionalisierung, 82 ff. mit der älteren Literatur. Vgl. etwa *Melville*, Institutionen, 1–24; *Acham*, Struktur, 33 ff., sowie die einschlägigen Arbeiten in *Göhler* (Hrsg.), Eigenart der Institutionen; *ders.* (Hrsg.), Institution – Macht – Repräsentation; sowie *Blänkner/Jussen*, Institutionen und Ereignis, 9 ff.; *Rehberg*, „Fiktionalität", 381 ff. S. zu den Merkmalen „vormoderner Institutionskultur" außerdem *Reinhard*, Geschichte, 125 ff.
[30] S. außerdem *Berger/Luckmann*, Konstruktion, 49 ff. Vgl. zur Differenzierung der Konzepte „Institution" und „Organisation" etwa *Rehberg*, „Fiktionalität", 390 f. Zum Problem der Normativität s. noch *Willke*, Funktionen und Konstitutionsbedingungen.
[31] Vgl. dazu *Linke/Stemmler*, Institutionalität und Geschichtlichkeit, 1 ff., sowie *Bettini*, Mos, 321 ff. S. auch *Stewart*, Public Office, 1 ff.

der Kriterien wesentlich besser in ein modernes, struktur- und gesellschaftsgeschichtlich eingebettetes Konzept der politischen Kultur ein-
zufügen. Denn in einem solchen Konzept werden auch solche „Organisationen" wie voll ausdifferenzierte Ämter, Gremien und hochformali-
sierte Verfahren gerade nicht als ein für allemal feststehende, selbstverständlich und geradezu überzeitlich gültige und jedem Wandel entho-
bene Ordnungen verstanden – weder ihre Gestalt noch ihre Dauer verstehen sich von selbst (was gerade gegen die oben erwähnte juristisch-
systematische Sicht der römischen „Verfassung" nicht oft genug betont
werden kann). Als normative Strukturen, die (wie gesagt) aus der Wiederholung vergangenen Handelns und seiner Verstetigung zu Handlungsmustern entstanden sind, haben auch sie notwendig „immer eine
Geschichte, deren Geschöpfe sie sind", und sind nur aus dem „historischen Prozeß, der sie heraufgebracht hat", wirklich zu erklären: Gerade
hoch entwickelte Institutionen stehen also am Ende eines Prozesses der
„Institutionalisierung", sie tragen und bewahren in sich die konkrete
Geschichte ihrer Entstehung und Entfaltung.[32]

Hinzu kommt ein weiteres fundamentales Merkmal: Die erwähnten
Organe wie alle anderen „Institutionen" (und letztlich natürlich auch der
„Staat") können nur als legitime Ordnungen auf Dauer gestellt werden –
sie müssen mithin immer auch als symbolische, „sinnhafte", dadurch
orientierend und handlungsanleitend wirkende Ordnungen fungieren
und akzeptiert werden. Ihre Stabilisierung muß daher vor allem über die
Darstellung ihrer tragenden Ordnungsprinzipien, Wert- und Zielvorstel-
lungen geleistet werden.[33] Diese Prinzipien und Vorstellungen müssen
wiederum mit den geltenden Grundorientierungen, Verhaltenscodes und
Werthorizonten der ganzen Gruppe in Einklang stehen bzw. aus ihnen
abgeleitet sein, um Gültigkeit und Verbindlichkeit zu erlangen und dauerhaft zu behalten – hier treffen sich moderne anthropologische Modelle
von vormoderner „Staatlichkeit" mit den neueren institutionentheoreti-
schen bzw. -historischen Ansätzen einerseits und der oben skizzierten
mentalitäts- und kulturgeschichtlichen Analyse kollektiver Wert- und
Orientierungssysteme andererseits. Das Potential einer solchen Kombination von Fragen, Zugängen und Methoden ist gerade einmal ansatz-

---

[32] *Berger/Luckmann*, Konstruktion, 58; *Melville*, Institutionen. 4 f. Vgl. auch *Flaig*,
Volksversammlung, 55 ff., dessen Kritik an *Bleicken* allerdings am Kern der Sache
vorbeigeht.
[33] Vgl. dazu auch *Rehberg*, „Fiktionalität", 385 ff.; *Vorländer/Melville*, Geltungsgeschichten, IX, XI. Vgl. zum konkreten Fall etwa *Flaig*, Volksversammlung, 69 ff.

weise erschlossen – gerade auch für das schon mehrfach erwähnte Problemfeld einer erschöpfenden Analyse des *mos maiorum*. Denn dieses besondere „Regelsystem" ist vor allem eine „symbolische Ordnung" – darin werden die Normativität, der Anspruch auf Geltung und die darauf beruhende Funktion der Stabilisierungsleistung einerseits und die Legitimität bzw. „Sinnhaftigkeit", die durch die „Symbolisierungsleistung" in Gestalt der Darstellung ihrer Leitideen und Prinzipien entsteht, andererseits auf höchst komplexe Weise miteinander vermittelt. In einem solchen Kontext können auch die begriffsgeschichtlichen Detailarbeiten zu den erwähnten Wert- und „Relationsbegriffen" eine ganz neue Bedeutung gewinnen.

*

Die erwähnte republikanische Variante der „Stadtstaatlichkeit" hat darüber hinaus noch spezifische Charakteristika, die in den besonderen Bedingungen bestehen, unter denen politisches Handeln stattfindet. Hier sind die daran beteiligten Institutionen nicht entrückt und unsichtbar, sondern präsent und ganz dicht und unmittelbar aufeinander bezogen: Magistrate, Ratsorgane und Versammlungen treten sich immer direkt, „face-to-face" gegenüber – daher rührt die zentrale Bedeutung der öffentlichen Rede, die nicht nur *Millar* immer wieder mit Recht betont hat.[34] Denn dieses Medium der Kommunikation war das bei weitem wichtigste Vehikel, das die alltägliche, praktische Umsetzung der Interaktion zwischen Institutionen bzw. den in ihnen handelnden Personen und Gruppen überhaupt erst ermöglichte, solange diese Institutionen – wie etwa der Senat und die Volksversammlungen – bzw. alle wichtigen Verfahren der Entscheidung in ihnen ebenso wie die religiösen und sonstigen kollektiven rituellen Verrichtungen regelmäßig an den zentralen Ort wie die *urbs Roma* gebunden blieben. Mithin sind die zwischen diesen Organen ablaufenden, ihrerseits ebenfalls institutionalisierten Prozesse der Interaktion in eine überschaubare und permanent präsente „Öffentlichkeit" eingebettet, und zwar grundsätzlich und zugleich in

---

[34] *Millar*, Crowd, 216ff., 224 und passim; *ders.*, Rome, 141f., 143ff., 178, 180ff. u.ö. Vgl. allgemein nur *Vernant*, Entstehung, 42ff.; *Fuhrmann*, Rhetorik, 10f., 13, 23. Ich verwende das „face-to-face"-Konzept hier etwas anders als *Finley* (etwa Democracy Ancient and Modern, 17; Das politische Leben, 42ff., 106), der es wiederum abgewandelt von *Laslett*, The Face to Face Society, übernommen hatte: Hier ging es um die reale Unmittelbarkeit der (mündlichen) Kommunikation und Interaktion in sehr kleinen sozialen Einheiten.

mehrfacher Hinsicht[35]: Erstens bleibt jedes politische Handeln sichtbar für alle Beteiligten, weil es (im doppelten Sinne des Begriffs) auf dem Forum einer mediterranen open-air-Kultur stattfindet – nämlich auf dem Forum Romanum und dem Comitium, dem Capitol und dem Marsfeld. Zweitens ist diese „Öffentlichkeit" in ihrer Gestalt als Versammlung ja selbst eine „Institution", die an diesem Handeln und an allen Kommunikationsprozessen teilnimmt – in Rom sogar in mehreren Ausprägungen, nämlich nicht nur in den *comitia centuriata* bzw. *tributa* und den *concilia plebis*, sondern vor allem auch in den formlosen „beratenden" Versammlungen der *contiones*[36]: Hier wurden Agenden aller Art vorgetragen, ob es sich nun um alltägliche Routineangelegenheiten, Berichte, Edikte und administrative Dispositionen oder um kontroverse Gesetzesvorlagen oder spektakuläre außenpolitische Entscheidungen handelte – die ganze Breite der denkbaren Materien von Politik in diesem „Stadtstaat" und seinem Imperium kam in den *contiones* im Wortsinn zur Sprache; denn hier wurden auch die Entscheidungen darüber vorbereitet und eingeleitet, in öffentlichen Debatten über das Für und Wider, eben in Rede und Gegenrede. Und drittens ist schließlich die gleiche „Öffentlichkeit" als Bürgerschaft, als Gesamtheit des *populus Romanus* mit dem „(Stadt-)Staat" selbst identisch – nicht nur einem abstrakten ideologischen Anspruch nach, sondern wiederum auch konkret und sichtbar; denn diese „Identität" im doppelten Sinne wird permanent „öffentlich" durch eine Vielzahl von „civic rituals" bestätigt und erneuert.

Eine solche politische Kultur des „unmittelbaren Handelns" mit ihrer besonderen Direktheit, Sichtbarkeit und Hörbarkeit auf allen Ebenen braucht zugleich eine entsprechende räumliche Dichte, nämlich die Verankerung ihrer verschiedenen Formen und Medien der Interaktion in eigens reservierten, markierten und abgegrenzten öffentlichen Räumen, die in die „Urbanität" der Stadt und ihre spezifische politisch-religiöse Topographie eingebettet sind – diese Dimension der „Ausdrucksseite" der republikanischen politischen Kultur, die mittlerweile sogar im Vordergrund des Interesses an dem eigentümlichen Phänomen der „Stadt-

---

[35] Vgl. dazu und zum Folgenden *Hölkeskamp*, Institutionalisierung, 81 f., 85 ff., mit weiteren Nachweisen.

[36] Vgl. dazu *Hölkeskamp*, Oratoris maxima scaena, 16 ff., 26 ff. und passim; *Pina Polo*, Contra Arma Verbis; *Bell*, Spectacle, 1 ff.; *Laser*, Bedeutung, 138 ff.; *Fantham*, Meeting the People, 95 ff.; *Mouritsen*, Plebs, 38 ff. und passim, sowie neuerdings *Flaig*, Ritualisierte Politik, 193 ff. u.ö.

staatlichkeit" alla Romana steht[37], besteht wiederum aus einer Vielzahl
von sich überschneidenden, sich ergänzenden und miteinander vernetz-
ten Ebenen[38]. Die öffentlichen Räume der Stadt sind ja nicht nur Ort
und Rahmen politischen Handelns, sozialer Interaktion und ökonomischer Aktivitäten, sondern auch im Wortsinne „Schauplätze" der vielen
religiösen Zeremonien und Feste zu Ehren der Götter: Die *urbs Roma*
mit ihren Tempeln, Altären und Prozessionsrouten ist also auch eine
„sakrale Landschaft". Und nicht zuletzt machen diese und andere Bauten, Monumente und Denkmäler die Stadt auch noch zu einem großen
„Schau-Platz" und zu einer „Erinnerungslandschaft", also zu einem
Raum der Bewahrung und Pflege des kulturellen Gedächtnisses.

Auch *Millar* hat jüngst die besondere Bedeutung der Räumlichkeit
und der Verortung der republikanischen Politik in dem im Wortsinne
überschaubaren urbanen Zentrum der *urbs Roma* zwischen Capitol,
Comitium, Forum und Marsfeld hervorgehoben – ja, hier sieht er sogar
den konkreten Kontext, von dem jede historische Beschäftigung mit der
Geschichte der Republik auszugehen habe.[39] Nur hat er sich allenfalls
selektiv, aber nie systematisch auf die erwähnte, mittlerweile allgemein
als notwendig anerkannte Kontextualisierung der verschiedenen Formen und Ebenen der Kommunikation und Interaktion im Rahmen der
spezifischen soziokulturellen Rahmenbedingungen der römischen
„Stadtstaatlichkeit" eingelassen – das ist und bleibt die wichtigste Aufgabe einer modernen, ernsthaft interdisziplinär angelegten und theorie-
geleitet arbeitenden Althistorie.

---

[37] *Hölscher*, Öffentliche Räume; *ders.*, Die Alten vor Augen, 189 ff.; *Richardson*,
Urban Development, 390 ff. und passim; *David*, I luoghi della politica; *Hölkeskamp*,
Capitol, 122 ff. und passim; sowie neuerdings (mit anderen, etwas postmodern-
eigenwilligen Akzenten) *Edwards/Woolf*, Cosmopolis. Vgl. allgemein zur „Kultur
des unmittelbaren Handelns" wiederum *Hölscher*, Frühzeit, 69 ff.; *ders.*, Körper,
164, 187 ff.

[38] Vgl. zu konkreten „Räumen" die einschlägigen Beiträge in: Architecture et société; L'Urbs; und neuerdings in: *Coulston/Dodge* (Eds.) Ancient Rome. S. ferner
Patterson, City, 190 ff., und zuletzt *ders.*, Political Life, 5 ff., 13 ff., sowie zu einzelnen Aspekten *Zaccaria Ruggiu*, Spazio; *Rykwert*, Idea; *Cancik*, Rome, 250 ff.;
David, Comitium, 131 ff.; *Rüpke*, Domi militiae, 30 ff. u.ö. (v.a. zur „Sakraltopogra-
phie" der Stadt); *Laser*, Bedeutung, 186 ff. u.ö.; *Döbler*, Agitation, 18 ff.; *Zanker*,
Bild-Räume, 211 ff., jeweils mit Nachweisen der älteren Literatur. Vgl. ferner *Laurence*, Emperors (zu Rom als „ritual landscape"). S. schließlich zur Bedeutung des
„Eigenraumes" für Institutionen und ihre Konsolidierung etwa *Rehberg*, „Fiktionalität", 399 f.

[39] *Millar*, Rome, 208 f.; vgl. 90 f., 101 ff., 143 ff.; *ders.*, Crowd, 38 ff., 115, 197 ff.
und passim.

VI. Zwischen „Aristokratie" und „Demokratie": Jenseits einer überholten Dichotomie

Vor dem Hintergrund dieser dynamischen Entfaltung neuer Fragen, Sichtweisen, theoretischer Modelle und methodischer Zugänge zur Republik als einer stadtstaatlichen Kultur der direkten Interaktion wird auch die Debatte über den eingangs erwähnten zweiten Komplex erst wirklich verständlich – die Frage nach Art und Status, Struktur, Funktion und Legitimation einer „politischen Klasse" wie der Senatsaristokratie. Deren Existenz hat *Millar* ja grundsätzlich in Frage gestellt – dabei hat er sich allerdings wiederum nicht die Mühe gemacht, sich auf eine differenzierte Sicht der langen Wege und gelegentlichen Umwege der Forschungsentwicklung seit *Münzer* und *Gelzer* einzulassen, sondern sich mit einem ebenso kurzen wie einseitigen Blick zurück im Zorn begnügt. Immerhin hat *Millar* uns damit gezwungen, den Charakter und das konkrete Funktionieren dieser besonderen politischen Kultur nicht nur von „unten", wie er es nennt[1], sondern eben auch von der Spitze der tatsächlich ja deutlich ausgeprägten gesellschaftlichen Hierarchien her neu zu überdenken, begrifflich genauer zu fassen und präziser zu beschreiben.

Zunächst ist jedoch festzuhalten: Niemand hat je behauptet, daß jene herrschende Klasse oder eher Statusgruppe, die wir als „Senatsadel" generell bzw. als Nobilität im engeren Sinne bezeichnen, ein klassischer Erbadel oder schon in der Republik ein „rechtlich" definierter „Stand" gewesen sei, der eine privilegierte „Stellung im hierarchischen Verhältnis zu anderen Ständen" eingenommen hätte[2], oder gar eine gänzlich geschlossene Kaste gewesen wäre oder hätte sein können – nicht einmal der erwähnte *Münzer*, erst recht nicht *Gelzer*[3].

Diese Aristokratie – wir können getrost weiter davon reden – unterschied sich grundsätzlich von dem archaischen, „auf einzigartige Weise erstarrten Stand"[4] des sakralrechtlich und gentilcharismatisch legiti-

---

[1] *Millar*, Rome, 92 f., 99.
[2] Vgl. *Hölkeskamp*, Nobilität, 10, im Anschluß an *Finley*, Wirtschaft, 43, 45, 50 f. (dort auch die Zitate). Vgl. *Alföldy*, Gesellschaft, 50, 67.
[3] *Münzer*, Adelsparteien, 3 f., 8 ff., 98 ff., 411 ff. u.ö.; *Gelzer*, Nobilität, 59 ff.
[4] *Finley*, Politisches Leben, 26. Vgl. *Drummond*, Rome in the Fifth Century II, 178 ff.; *Hölkeskamp*, Nobilität, 31 ff. mit der gesamten älteren Literatur in den Anm.; *Cornell*, Beginnings, 242 ff.

mierten Patriziats, dessen exklusives Machtmonopol im Laufe des 4. Jahrhunderts v. Chr. beseitigt worden war, ohne daß die Patrizier bzw. die patrizischen *gentes* deswegen entmachtet oder gar verschwunden wären. Die neue „politische Klasse", die aus Patriziern und aus plebe-ischen „Adligen" bestand, wuchs dabei parallel zur Beilegung des alten „Ständegegensatzes" in einem komplexen Prozeß zusammen – dabei griffen gesellschaftliche, innen- und außenpolitische Entwicklungen auf besondere Weise ineinander: Die erfolgreiche Expansion in Italien und dann die Ausgestaltung der Hegemonie einerseits, die Entstehung dieser neuen und neuartigen Aristokratie und die Konsolidierung ihrer ökono-mischen Grundlagen, ihrer sozialen Identität und ideologischen Orien-tierung andererseits waren untrennbar aufeinander bezogen, und diese Verschränkung blieb grundlegend für die soziopolitische Ordnung der Republik.[5]

Diese Aristokratie war bekanntlich grundsätzlich offen, weil die Zu-gehörigkeit zu ihr sich allein und ausschließlich auf das Erreichen be-stimmter öffentlicher Ämter gründete, und der Zugang zu diesen war ja streng rechtlich nicht auf eine fest definierte Gruppe beschränkt: Füh-rungsanspruch und Herrschaftsrolle dieser Aristokratie beruhten „auf keinerlei formellen Privilegien" und erfuhren auch niemals eine „Insti-tutionalisierung"; „Nobilität" war immer ein „Status" und wurde jeden-falls in der Republik eben nie ein „Stand" – das haben etwa schon *Alfred Heuss* und *Moses Finley* betont, das ist trotz der umstrittenen Begriff-lichkeit prinzipiell anerkannt[6], und darauf wird wiederum noch zurück-zukommen sein. Längst unterscheidet man sogar zwischen einem „inne-ren Kern" besonders prominenter *gentes*, die bei den Wahlen zu den höchsten Ämtern über längere Zeiträume regelmäßig erfolgreich waren, und einer weiteren Gruppe von Familien, die nur eine deutlich niedri-

---

[5] S. dazu umfassend *Hölkeskamp*, Nobilität, 241 ff. und passim; *ders.*, Conquest; *Oakley*, Conquest, 9 ff.; *Cornell*, Conquest, 391 ff.; *ders.*, Beginnings, 340 ff., 345 ff., 364 ff., 369 ff. u. ö.; *Pani*, Politica, 169 ff.; *David*, Conquest, 35 ff.; *Raaflaub*, Born to Be Wolves?, 287 ff. Vgl. zur weiteren Entwicklung außerdem *Dahlheim*, Gewalt, 170 ff., 294 ff. u. ö.; *Schulz*, Herrschaft; *David*, Conquest.
[6] So schon *Heuss*, Revolution, 183; *Bleicken*, Nobilität; *Finley*, Politisches Leben, 26 f.; *Astin*, Government, 169. Vgl. zur Begrifflichkeit („Stand", „Schicht", „Klasse", „Status[-gruppe]" etc.) v.a. *Alföldy*, Stellung, 207 ff. (= ders., Die römi-sche Gesellschaft, 162 ff., mit den Nachträgen, 200 ff.); *ders.*, Die römische Gesell-schaft, 67, 72 ff. in Auseinandersetzung mit *Vittinghoff*, Soziale Struktur, und *Kolb*, Begriffe; vgl. dazu *Rilinger*, Vorstellungen, 299 ff.; *Nicolet*, Les ordres romains. Die Entwicklung der Konzeptualisierung der „Nobilität" hat jetzt *Goldmann*, Nobilitas, 45 ff., detailliert dokumentiert.

gere Rate der Sukzession erreichte und deren Zugehörigkeit zur „politischen Klasse" infolgedessen prekär war[7] – immer wieder verschwanden solche Familien offenbar aus dem senatorischen Adel, manche tauchten nach einer Generation oder sogar nach längeren Zeiträumen wieder auf, andere stellten nur einen oder zwei Consuln und gehörten danach nie wieder zur eigentlichen Elite.

Einige wenige Beispiele mögen das illustrieren: Die berühmten Feldherren, mehrfachen Consuln und Censoren M'. Curius Dentatus und C. Fabricius Luscinus, die später zu gern zitierten *exempla* für eine vorbildliche Sittenstrenge und für eine angeblich traditionelle bäuerlich-frugale Einfachheit des Lebensstils stilisiert wurden[8], hatten weder consularische Vorfahren, noch konnten sie selbst eine prominente Linie begründen. Das Gleiche galt für den in anderem Zusammenhang erwähnten C. Duilius, den erfolgreichen Admiral und Consul 260, der später ebenfalls Censor wurde (258). Der in anderem Zusammenhang noch einzuführende L. Mummius „Achaicus", dessen Vater es immerhin bis zur Praetur gebracht hatte, blieb der einzige Consul seiner Familie. Ein anderer berühmter Admiral – C. Lutatius Catulus, Consul 242, durch dessen Sieg bei den Aegatischen Inseln der erste Punische Krieg endlich siegreich beendet werden konnte – war ebenfalls der erste seiner Familie, der den *maximus honos* erreichte; doch dann folgte unmittelbar sein jüngerer Bruder Q. Lutatius Cerco, nicht nur Consul im folgenden Jahr, sondern auch Censor 236, und auch sein Sohn erreichte 220 das höchste Amt. Danach trat die Familie für ein Jahrhundert in das zweite Glied zurück, bis sie mit Q. Lutatius Catulus – als Consul 102 Kollege des großen Marius, danach Proconsul und einer der Sieger des Germanenkrieges – und seinem gleichnamigen Sohn, Consul 78 und Censor 65, wieder in den „inneren Kreis" der Nobilität zurückkehrte.[9]

Diese Schwankungen betrafen allerdings sogar den „inneren Kreis" der Nobilität: Selbst so berühmte *gentes* wie die Fabii, die von der Frühzeit bis zum Ende des zweiten Punischen Krieges regelmäßig Consuln und berühmte Feldherren gestellt hatten – darunter die legendäre Leitfi-

---

7 Vgl. dazu *Hopkins/Burton*, Succession, 31–119, insbes. 112 f., 117; *Lintott*, Constitution, 167 f.; *David*, République, 36 ff.

8 Vgl. zu der Tradition über Curius Dentatus (Consul I 290, II 275 und – sehr ungewöhnlich – III 274, Censor 272) bzw. Fabricius (Consul I 282, II 278, Censor 275): *Hölkeskamp*, Nobilität, 228 ff., und jetzt die einschlägigen Beiträge in *Coudry/Späth* (Eds.), L'invention des grands hommes.

9 Alle Daten nach *Broughton*, Magistrates, mit den Belegen zu den einzelnen Jahren; vgl. jeweils auch den „Index of Careers" in Vol. 2, 524–636.

gur dieses Krieges, den „Cunctator", und seinen Urgroßvater, den prominentesten Feldherrn der Samnitenkriege, der auch schon fünfmal
Consul, Dictator, Censor und *princeps senatus* gewesen war[10] – verschwanden danach für mehr als ein halbes Jahrhundert aus den Consul-
listen; sie tauchen darin erst wieder mit Q. Fabius Maximus Aemilianus,
Consul 145, auf – und der war von einem Enkel des „Cunctator" adoptiert worden. Ein anderes Beispiel ist die später ebenso berühmte plebe-
ische Familie der Caecilii Metelli, die in der zweiten Hälfte des 2. Jahrhunderts v. Chr. eines der erfolgreichsten „Adelshäuser" überhaupt
wurde: Von 143 bis 109, also in einem Zeitraum von noch nicht einmal
35 Jahren, stellten sie nicht weniger als acht Consuln, in den folgenden
sechs Jahrzehnten noch einmal sechs – davor hatte allerdings ein Metellus zuletzt im Jahre 205 das höchste Amt erreicht.[11]

Immer wieder starben berühmte Familien oder Linien großer *gentes*
auch ganz aus – ein bekanntes und gut bezeugtes Beispiel sind die patrizischen Aemilii Paulli. L. Aemilius Paullus – Sohn und Enkel von Consuln, im Jahre 168 selbst zum zweiten Mal Consul, der Sieger über den
König Perseus in der Schlacht bei Pydna und Eroberer Makedoniens –
hatte ursprünglich vier Söhne, von denen er die zwei aus erster Ehe anderen berühmten Familien zur Adoption und damit zur Sicherung der
vom Aussterben bedrohten männlichen Linie überließ, nämlich den bereits erwähnten Cornelii Scipiones und den Fabii Maximi: P. Cornelius
Scipio Aemilianus, der spätere „Africanus minor" wurde von einem
Sohn des älteren Africanus adoptiert, der andere war der soeben genannte Q. Fabius Maximus Aemilianus.[12] Die zwei verbliebenen Söhne
– erst 12 und 14 Jahre alt – starben nur wenige Tage vor bzw. nach dem
spektakulären Triumph ihres Vaters über Perseus im Jahre 167. In einer
später oft zitierten Rede vor dem Volk soll sich Aemilius Paullus darüber zum tragischen *exemplum* stilisiert haben, indem er – ganz im

---

[10] Es handelt sich um Q. Fabius Maximus Verrucosus, Consul I 233, II 228, III 215,
IV 214, V 209, Censor 230, Dictator 217 und auch Mitglied der wichtigsten Priester-
collegien bzw. Q. Fabius Maximus Rullianus, Consul I 322, II 310, III 308, IV 297,
V 295, Censor 304, Dictator 315 (?) – Daten nach *Broughton*, Magistrates.
[11] Vgl. Vell. Pat. 1, 11, 6f.; 2, 11, 3. Die Consuln der Jahre 123, 117, 115 und 113
waren Söhne von Q. Caecilius Metellus Macedonicus, Consul 143 und Censor 131,
diejenigen der Jahre 119 und 109 von L. Caecilius Metellus Calvus, Consul 142;
dann stellte die Familie in den Jahren 98, 80, 69, 68, 60 und 57 Consuln; vgl.
Broughton, Magistrates, zu den Jahren.
[12] Polyb. 31, 28, 1 ff., auch zum Folgenden, ferner Liv. 45, 41, 12; Vell. Pat. 1, 10, 3;
Plut. *Aemilius Paullus* 5, 5; 35, 1.

Sinne der Kollektivmoral – sein persönliches Unglück dem Wohl der Stadt und der *res publica* gegenüberstellte und seinen Verlust als Tribut an das Schicksal, das dafür dem Staat umso gewogener bleiben werde, darstellte.[13]

Dieser Fall ist in mehrfacher Hinsicht exemplarisch. Er illustriert zunächst die Verbreitung und Selbstverständlichkeit der Adoption, und zwar auch von (männlichen) Kindern noch lebender Väter. Die bloße Existenz einer solchen rechtlich gut ausgestalteten „Strategie" generell[14] und wiederum der konkrete Fall belegen zudem, daß die Kontinuität vieler großer Familien in der männlichen Linie – immerhin geht es hier auf die eine oder andere Weise um drei patrizische *gentes* bzw. ihre besonders prominenten Zweige – immer wieder und durchaus unerwartet akut gefährdet sein konnte. Im Falle dieser besonderen Art einer Aristokratie dürfte das nicht allein daran gelegen haben, daß die Kindersterblichkeit so hoch und die allgemeine Lebenserwartung (mindestens) so niedrig war wie in den meisten vormodernen Gesellschaften.[15] Es kommen mindestens noch zwei Faktoren hinzu, die das Problem verschärften. Einerseits sind die erheblichen Risiken nicht zu unterschätzen, denen ein junger Aristokrat gerade in der Phase der Sozialisation und ersten Bewährung ausgesetzt war, nämlich in dem üblicherweise zehnjährigen Militärdienst: Erst danach konnte man ja die erste Stufe des *cursus honorum* anvisieren. Andererseits war das Mindestalter für die eigentlich nobilitätskonstituierenden Ämter mit *imperium* mindestens seit der Wende zum 2. Jahrhundert schon relativ hoch – mit der *lex Villia annalis* wurden Intervalle zwischen den Ämtern sowie Mindestalter für Praetur und das Consulat vorgeschrieben, die vielleicht schon jetzt bei 40 Jahren für die Praetur gelegen haben könnten.[16]

Vor diesem Hintergrund erscheinen die erwähnten Inschriften auf den Sarkophagen der Scipionen in einem neuen Licht: Mindestens vier der dort bestatteten männlichen Mitglieder der Familie waren gestorben, bevor sie überhaupt das Alter erreicht hatten, um sich (zumindest nach den

---

[13] Liv. 45, 41, 1–12; Plut. *Aemilius Paullus* 35, 2f.; 36, 2–9; Vell. Pat. 1, 10, 4f. (etwas abweichend); Val. Max. 5, 10, 2 (im Rahmen einer ganzen Sammlung von *exempla* „de parentibus qui obitum liberorum forti animo tulerunt": 5, 10 praef. und passim).

[14] Vgl. dazu umfassend *Corbier*, Divorce and Adoption, 63ff.

[15] Vgl. dazu vor allem *Saller*, Patriarchy, 12ff. u.ö., sowie demnächst *Hölkeskamp*, Under Roman Roofs, mit weiterer Literatur.

[16] Vgl. dazu einstweilen *Kunkel/Wittmann*, Staatsordnung, 45ff., und demnächst *Beck*, Karriere und Hierarchie, mit allen Nachweisen.

nun geltenden Regeln) um die höchsten *honores* bewerben zu können –
darunter vermutlich jener Sohn des großen Africanus, der Scipio Aemilianus, später „Africanus minor", adoptierte.[17] Und bei dem mit 33 Jahren verstorbenen Lucius Scipio, dem Sohn des L. Cornelius Scipio Asia-
ticus, Consul 190, wird nicht nur das Alter hervorgehoben, sondern auch
die Tatsache, daß er so weit gekommen war, wie man es eben hatte erwarten können, nämlich bis zur Quaestur (nach einem Militärtribu-
nat).[18] Generell bedeutet das letztlich, daß die Zugehörigkeit der Familie zum Senatsadel und vor allem zu seinem „inneren Kreis" zumindest
grundsätzlich und potentiell immer prekär war – hing diese Zugehörigkeit doch davon ab, daß fähige und geeignete Männer bis in ein Alter um
die 40 Jahre überlebten, um einen wirklich „frischen" consularischen
Rang der Familie behaupten zu können.

*

Aber selbst wenn die konkrete Zusammensetzung des Senatsadels
und der Nobilität notwendig ständig im Fluß war, zwingt uns das noch
lange nicht, *Millar* zu folgen und das Grundkonzept einer „politischen
Klasse" durchaus „aristokratischen" Zuschnitts ganz aufzugeben. Im
Gegenteil: Die besondere römisch-republikanische Ausprägung eines
„Amtsadels" ist sogar ein schlagendes Beispiel für fatale Fehldeutungen
à la *Millar*, die aus der einseitigen, starr formalistischen Konzeptualisierung von „Erblichkeit" herrühren.[19] Denn einerseits hat auch eine
formal nicht geschlossene Elite sehr wohl eine Tendenz zur Exklusivität, ohne sie erreichen zu können – und in unserem Fall war diese Tendenz dem „Amtsadel" inhärent, sie war sehr ausgeprägt und verstärkte
sich gegen Ende der Republik noch: Mindestens seit der Wende vom 3.
zum 2. Jahrhundert v. Chr. sank die Anzahl der Consuln, die ihrerseits
bereits consularische Vorfahren hatten, zu keiner Zeit unter 70%, und in
der letzten Generation der Republik (also etwa 80–50 v. Chr.) stieg die-

---

[17] ILLRP 311 mit *Degrassis* Kommentar; *Coarelli*, Sepolcro, 226 ff.; *Moir*,
Epitaph.
[18] ILLRP 313, vgl. die Serie 311–314 und dazu unten Kap. VIII, bei Anm. 21.
[19] Es sei dahingestellt, welche „constitutional rights" die erblichen *peers* in Groß-
britannien nach der letzten Reform der Lords noch haben, und ich will auch keine
abstrakte Debatte über *Millars* Begriff von Aristokratie bzw. Elite beginnen, der ja
offensichtlich formalistisch, ja reduktionistisch ist. Vgl. zum Konzept „Adel" und
seinen Inhalten etwa *Powis*, Aristocracy; *Oexle*, Aspekte, 19 ff., mit weiteren Nachweisen.

ser Anteil sogar auf 80%: Das ist eine recht beeindruckende Rate der Reproduktion.[20]

Andererseits darf das Konzept „Exklusivität" wiederum nicht einseitig und starr als einmal festgelegte, dann immer und ewig unveränderlich feststehende Zugehörigkeit aller individuellen Mitglieder der Gruppe begriffen werden. Die eigentümliche „Exklusivität" dieses Adels beruhte vor allem auf seiner besonderen, ebenso einseitigen wie anspruchsvollen Identität, indem er sich in einem ganz konkreten, ja engen Sinne, konsequent, streng und eben „exklusiv" als eine politische Klasse definierte: „Wer Politik trieb, gehörte zum Adel, und wer zum Adel gehörte, trieb Politik" – das ist eben nicht bloß ein ebenso launiger wie banaler Zirkel, wie *Millar* das Diktum von *Meier* qualifiziert hat.[21] Vielmehr heißt das einerseits: Die Gruppe als Ganze widmete sich nichts anderem als Politik und Krieg, und zwar wiederum „exklusiv" im Dienst an der und für die *res publica* – ja, dieser Adel war in einem spezifischen Sinne „republikanisch", weil er sich mit dieser *res publica* völlig und geradezu rückstandslos identifizierte. Darauf beruhte sein kollektiver Anspruch auf Führung und Gehorsam, auf Anerkennung, Rang und Prestige und damit seine Legitimität als Aristokratie. Er entwickelte ein entsprechendes ideologisch geschlossenes Staatsethos, das er als sein ureigenes (oder „exklusives") Orientierungs- und Wertsystem hegte und pflegte. In dessen Mittelpunkt stand allein die Größe des *populus Romanus*, seine Herrschaft, Würde und Hoheit, die mit den Begriffen *imperium* und *maiestas* im erweiterten Sinne umschrieben wurden, und die Weltmacht seines Imperiums – ganz konkret gemessen in dessen Ausdehnung, in Siegen und Eroberungen, unterworfenen Völkern und Ländern.[22]

---

[20] Vgl. zuletzt *Badian*, Consuls, 371–413, zusammenfassend 411 f. Die statistischen Daten von *Hopkins/Burton*, Succession, 32, 112, 117 und Table 2.4 (S. 58) sprechen keineswegs gegen dieses Grundmuster. Vgl. dazu demnächst genauer *Beck*, Karriere und Hierarchie.

[21] *Meier*, Res publica amissa, 47, danach *Hölkeskamp*, Nobilität, 248 f.; dagegen *Millar*, Crowd, 4 f.; *ders.*, Rome, 95, 205.

[22] Vgl. dazu *Harris*, War and Imperialism, 9 ff. Dieses Buch ist eines der wichtigsten seit *Meiers* Res publica amissa; vgl. dazu *North*, Development, 1 ff., und die Beiträge in *Harris* (Ed.), Imperialism, insbes. *Gabba*, Consenso, 115 ff., sowie *Rich*, Fear, 38 ff., mit weiteren Nachweisen. S. auch *Richardson*, *Imperium Romanum*; *Hopkins*, Conquerors, 25 ff.; *Hölkeskamp*, Nobilität, 204 ff., 244 ff.; *ders.*, Conquest, 25 ff. Vgl. außerdem zu den Begriffen *Lind*, Liberty, 52 ff., 59 ff., und zur „Theologie des Sieges" *Fears*, Theology, 736 ff., sowie generell *Brunt*, Laus Imperii, 159 ff. = *ders*, Imperial Themes, 288 ff., mit Ergänzungen 506 ff.

Darüber hinaus bedeutet das zitierte Diktum auch, daß alle Mitglieder dieser Aristokratie sich individuell permanent und wiederum „exklusiv", das heißt streng und diszipliniert diesem Dienst zu widmen hatten und sich den Anforderungen und auch Zumutungen, die sich aus der Kollektivmoral und dem darauf beruhenden Verhaltenscode ergaben, zu unterwerfen hatten – als Preis für Eintritt und Mitgliedschaft in diesem sich solchermaßen selbst definierenden „exklusiven" Club. Da konnten unpolitische, womöglich gar griechisch-individualistische Statuskriterien keinen Platz haben – anders als im archaischen und klassischen Griechenland zählten ein glanzvoller Lebensstil und demonstrative Verschwendung, Siege in Olympia und anderswo, Eleganz, physische Schönheit und zweckfreie Bildung nichts.[23] Nicht einmal Reichtum galt viel – jedenfalls nicht als solcher und als Selbstzweck. Reichtum war einerseits das Resultat des Erfolges in Politik und Krieg und diente andererseits wiederum als Mittel zu einem anderen Zweck.

Dieser Zweck war der Erfolg des einzelnen Mitglieds dieses Adels in der permanenten und allgegenwärtigen internen Konkurrenz um Positionen und Prestige im Dienst der *res publica* – und zwar wiederum „exklusiv".[24] Denn das Erreichen dieser Positionen, der politischen, militärischen und administrativen Führungsfunktionen in Gestalt der erwähnten Ämter, die bezeichnenderweise als „Ehre" aufgefaßt und als „Ehrenstellen" (*honores*) bezeichnet wurden, die Übertragung großer Kommandos in Kriegen und anderer prestigeträchtiger Aufgaben in Rom, in Italien und im Imperium begründeten ja nicht nur einfach die Zugehörigkeit zum Adel – erst der Aufstieg in höhere Ämter brachte wirkliches Ansehen und Geltung innerhalb dieser Elite ein. Dabei standen die Hierarchie und die entsprechenden Kriterien von Rang und Vorrang fest – sie hatten sich schon mit der Konsolidierung der patrizisch-plebeischen Elite im 4. Jahrhundert v. Chr. entwickelt und im 3. Jahrhundert ihre endgültige Form angenommen[25]: Ehemalige Consuln und Censoren bildeten die oberste Rangklasse, sie hatten die höchste *dignitas* und *aucto-*

---

[23] Vgl. zur griechischen Aristokratie grundlegend *Stein-Hölkeskamp*, Adelskultur. Vgl. auch (zum Teil danach) *Flaig*, Lebensführung, 203, 214 ff. u.ö.; *ders.*, Grenzen, 99 ff.
[24] Vgl. zur Kultur der Konkurrenz etwa *Wiseman*, Competition, 3 ff.; *Astin*, Government, 169, 174 ff.; *Beard/Crawford*, Rome, 53 ff., 68 ff.; *Hölkeskamp*, Conquest, passim, mit weiteren Nachweisen.
[25] Vgl. zu diesem komplexen Prozeß *Hölkeskamp*, Nobilität, 114 ff., 170 ff., 241 ff. und passim; *ders.*, Conquest, sowie jetzt *Bleckmann*, Nobilität, auch zum Folgenden, und demnächst die große Arbeit von *Beck*, Karriere und Hierarchie.

ritas und waren als *principes civitatis* die Meinungsführer im Senat; dann folgten die Praetorier, dann die Aedilicier und schließlich die ehemaligen Volkstribune und Quaestoren.

Ebenso tief eingerastet waren die Grundregeln, nach denen der Aufstieg der individuellen Mitglieder des Senatsadels in die oberen Rangklassen zu funktionieren hatte: Bewährung in den niederen Ämtern in Gestalt von Leistungen begründeten den Anspruch auf höhere *honores* – in den schon genannten Scipioneninschriften wird das bereits ebenso knapp wie kanonisch verkündet: In den Grabinschriften des L. Cornelius Scipio Barbatus, Consul 298 v.Chr., wie seines Sohnes, Consul 259, heißt es zuallererst, daß sie beide Consul, Censor und (curulischer) Aedil waren – und zwar „apud vos", wie geradezu emphatisch betont wird: eine bezeichnende Hinwendung zum *populus Romanus* als der diese *honores* vergebenden Instanz.[26] Und, um dies noch einmal zu betonen, es gab überhaupt keine alternativen Karriereoptionen, die auch nur annähernd vergleichbare ideelle und materielle Erfolgsprämien in Form von sozialem Prestige, politischem Einfluß und eben auch Reichtum versprachen. Das *curriculum vitae* und überhaupt die individuelle Identität eines Aristokraten waren und blieben allein durch seinen *cursus honorum* bestimmt – das galt zumindest prinzipiell auch noch, als die Republik längst untergegangen und die „Aristokratie" zwar noch die Reichselite, aber längst nicht mehr eine regierende politische Klasse war.[27]

Das bedeutete wiederum, daß allein das Erreichen der Spitze des streng hierarchisch strukturierten *cursus honorum*, der höchsten „Ehre" des Consulats und die dabei erbrachte meßbare Leistung in Politik und Krieg einen Mann in die Spitzengruppe der Aristokratie aufsteigen ließ – jene „innere Elite", die wir durchaus zu Recht als „Nobilität" bezeichnen. Und das heißt eben auch, daß der Senatsadel insgesamt eine vertikal klar geschichtete Binnenstruktur hatte – anders gesagt: Wir haben es

---

[26] ILLRP 309 und 310; die übrigen Zeugnisse bei *Friedrich Münzer*, in: RE 4/1, 1900, 1488 ff. s.v. Cornelius (Nr. 343) bzw. 1428 ff. (Nr. 323). S. zuletzt *Kruschwitz*, *Carmina*, Nr. 2 (33 ff.), Nr 3 (58 ff.), mit weiteren Nachweisen. Vgl. etwa *Hölkeskamp*, Nobilität, 225; *Flower*, Ancestor Masks, 166 ff., und demnächst *Beck*, Karriere und Hierarchie.

[27] Vgl. dazu *Alföldy*, Individualität, 380 ff.; *Eck*, Self-Representation, 149 ff.; *ders.*, Elite, 39 ff., und zuletzt *ders.*, Suche.

mit dem gar nicht so häufigen Sonderfall einer Aristokratie zu tun, die hierarchisch nach Rangklassen gestuft war.[28]

*

Genau hier liegt die für diese politische Kultur tatsächlich konstitutive Funktion des *populus Romanus*, vor allem in der Gestalt seiner Versammlungen – eine Funktion, die über diejenige als allgemein-abstrakte ideologische Referenzgröße und auch über die durchaus konkrete und wichtige symbolische Rolle im Institutionengefüge der Republik hinausging: Es war selbstverständlich und unstrittig Sache des institutionalisierten *populus Romanus*, diese *honores* zu vergeben – und dies eben nicht nur, weil so die Bindung an und die Anerkennung durch den *populus Romanus* regelmäßig rituell inszeniert und damit der Kern der kollektiven Wertewelt und die darauf beruhende Legitimität der politischen Klasse bestätigt wurden.

Selbst wenn das Volk nie frei „wählen" konnte, in keinem Sinne dieses Begriffs; selbst wenn die Versammlungen allenfalls die „Auswahl" zwischen Kandidaten hatten, die vom versammlungs- und wahlleitenden Magistrat formell angenommen und vorgeschlagen werden mußten und die vor allem (im Sinne des zitierten *Meierschen* Diktums) alle zum „Adel" gehörten und deswegen kandidierten bzw. umgekehrt: Gerade für eine politische Klasse, die sich über die Bekleidung von solchen Ämtern definierte und die sich auch noch nach dem relativen Rang dieser *honores* hierarchisch differenzierte, konnte das Verfahren der Wahl durch das Volk aus durchaus handfesten herrschaftssoziologischen Gründen strukturell unverzichtbar werden – handelt es sich doch um ein formales Verfahren, das die Rekrutierung, Chancenverteilung, Beförderung und damit alle Status- und Rangzuweisungen in dieser „Meritokratie" institutionell kanalisierte. Im 2. Jahrhundert ging es immerhin bereits um mehr als siebzig einzelne Positionen, die jährlich besetzt werden mußten – nicht nur die sechs bis acht Stellen der Imperiumsträger, also der Consuln und Praetoren, sondern auch alle Magistraturen im engeren Sinne von der Quaestur aufwärts, die übrigen niederen Beamtenkollegien, viele Offiziersstellen in den Legionen (*tribuni militum a populo*) und nicht zuletzt die 10 Stellen im Volkstribunat. Vor allem aber war die Konkurrenz um die *honores* scharf, natürlich gerade um die

---

[28] Vgl. *Flaig*, Lebensführung, 197 ff., und jetzt *ders.*, Ritualisierte Politik, 27 ff. und passim.

Ämter an der Spitze des *cursus honorum* in einem sich nach oben radikal verengenden Stellenkegel[29]: Statistisch gesehen konnte nur jeder dritte oder vierte Praetor auch Consul werden, und längst nicht jeder Quaestor oder Volkstribun brachte es überhaupt zu einer Magistratur mit *imperium*.

Im Interesse der Stabilität und des notwendigen Mindestmaßes an Homogenität und Konsensfähigkeit einer solchermaßen organisierten politischen Klasse mußte das Verfahren der Entscheidung dieser alljährlichen Konkurrenz gewissermaßen in einem neutralen Raum außerhalb ihrer selbst angesiedelt sein, weil es eine solche Instanz mit ausreichender Autorität, Objektivität und vor allem unstrittiger Akzeptanz innerhalb dieser Klasse selbst der Natur der Sache nach nicht geben konnte – vielmehr wären die allfälligen Verteilungskämpfe um Positionen und Prestige und die Rangstreitigkeiten sofort und automatisch in permanente Auseinandersetzungen über Status und vor allem Zusammensetzung der die *honores* verteilenden Instanz eingemündet; denn die individuelle Zugehörigkeit zu einer solchen Über-Instanz wäre ja dann der eigentliche *maximus honos* gewesen. Das in einem derartigen Rekrutierungsverfahren angelegte Konfliktpotential und die aus solchermaßen verschärften Verteilungskämpfen resultierenden zentrifugalen Kräfte hätten sehr schnell die Kanalisierungs- und Regelungskapazität des Systems überfordert und damit die Herrschafts- und Überlebensfähigkeit der „politischen Klasse" insgesamt in Frage gestellt.

*

Aus der Sicht des Senatsadels – oder genauer: seiner einzelnen Mitglieder – hatte das Prinzip der Volkswahl allerdings einen erheblichen Preis: Wenn diejenigen Positionen, die allein aristokratischen Status und Rang begründeten, in solchen regelmäßig stattfindenden Konkurrenz- und Ausscheidungskämpfen immer neu vergeben wurden, konnten sie nicht erblich sein – und das hieß wiederum, daß dies zumindest prinzipiell auch für die individuelle Zugehörigkeit zum Adel und den Rang in ihm galt.

Es wurde schon darauf hingewiesen, daß diese Prekarität nicht nur den individuellen Status betraf, sondern auch die Zugehörigkeit ganzer Familien: Tatsächlich – scheinbar paradox angesichts der statistisch

---

[29] Vgl. dazu demnächst die grundlegende Arbeit von *Beck*, Karriere und Hierarchie, der diesen „Stellenkegel" neu und differenziert behandelt.

doch hohen Reproduktionsrate der „consularischen" Familien – gelang
es in den drei Jahrhunderten von der Entstehung der Nobilität bis zum
Ende der Republik nur sehr wenigen Familien, über mehr als drei Generationen regelmäßig und ohne Unterbrechung Consuln zu stellen. Nicht
einmal allen Familien der erwähnten „inneren Elite" ist das über den
gesamten Zeitraum vom Ende des 4. bis zur Mitte des 1. Jahrhunderts
gelungen – weder den bereits erwähnten Fabii Maximi und den Caecilii
Metelli, noch etwa den plebeischen Claudii Marcelli: M. Claudius Marcellus, der immerhin dreimal Consul (166, 155 und 152) war und später
für „summa virtus, pietas, gloria militaris" gerühmt wurde, ließ zwar auf
den Monumenten seiner Familie am Tempel für Honos und Virtus die
stolze Inschrift „III MARCELLI NOVIES COS." anbringen, was sich
auf ihn selbst, seinen Vater und vor allem seinen Großvater bezog, den
fünfmaligen Consul und neben dem Cunctator zweiten berühmten Feldherrn des Hannibal-Krieges, Eroberer von Syrakus und Erbauer des erwähnten Tempels – in der Generation vor dem Letzteren und vor allem
ein volles Jahrhundert nach dem Consulat 152 gelangte allerdings kein
Marcellus ins Consulat, erst am Ende der Republik stellen die Marcelli
wieder Consuln, nämlich 51, 50 und 49.[30] Solche Schwankungen waren
die Regel – die große Ausnahme, nicht nur in dieser Hinsicht, war die
patrizische *gens Claudia* (respektive ein Zweig dieser *gens*), die bis zum
Ende der Republik in praktisch jeder Generation einen Consul stellte
und dann in die erste kaiserliche Dynastie mündete. Damit kann diese
gens als eine der erfolgreichsten Adelsfamilien der europäischen Geschichte überhaupt gelten: 28 Consulate, 5 Dictaturen und 7 Censuren
standen nach Sueton schließlich zu Buche; und der letzte „echte" Claudius – jener unglückliche Britannicus, der im Jahre 55 n. Chr. auf Betrei-
ben seines (nur adoptierten) Stiefbruders Nero ermordet wurde – stand
am Ende einer langen Reihe von patrizischen Claudii, die mehr als ein
halbes Jahrtausend zuvor mit dem Consul des Jahres 495 v. Chr. begonnen hatte.[31]

---

[30] Ascon. *in Pisonianam* p. 18 *Stangl*. Der Großvater des berühmten Marcellus,
Consul I 222 und V 208, war Consul 287, der Vater erreichte den *maximus honos*
nicht; der Sohn war Consul 196 und Censor 189. Vgl. die Daten bei *Broughton*, Magistrates, zu den Jahren; *Domenico Palombi*, in: LTUR 3, 1996, 31–33 s.v. Honos et
Virtus, Aedes.
[31] Suet. *Tiberius* 1, 2 bzw. Tac. *Annales* 12, 25, 4. Vgl. den einschlägigen Abschnitt
in *Wiseman*, Clio's Cosmetics; *ders.*, Catullus, 15 ff.

VII. Konkurrenz und Konsens: Notwendige Voraussetzungen einer kompetitiven Kultur

Diese an sich bekannten Tatsachen führen zu allgemeinen Überlegungen, die auch Anregungen für die weitere Diskussion sein sollen. Wenn nämlich in einer hierarchisch gestuften Aristokratie einerseits die Einordnung in die Ränge nicht automatisch erblich erfolgt und sogar die Zugehörigkeit im strengen Sinne jeweils individuell erworben werden muß, und wenn dies andererseits auch noch in einem so hochgradig kompetitiven und zugleich alternativenlosen Rekrutierungs- und Reproduktionssystem geschieht, dann setzt das einen besonderen Konsens voraus, dessen Breite und Tiefe wir neu ausloten müssen – wir haben es nämlich mit einem spezifisch ausgeprägten Komplementärverhältnis von Konkurrenz und Konsens zu tun. In diesem Zusammenhang lohnen sich einige allgemeine und grundsätzliche Überlegungen zu diesem Verhältnis auf der Basis der interessanten, nach wie vor aktuellen Einsichten und Ergebnisse von *Georg Simmel*.[1] Dessen soziologische und philosophische Arbeiten haben längst noch nicht die Aufmerksamkeit gefunden, die ihnen in einer kulturwissenschaftlich inspirierten Gesellschaftsgeschichte zukommen sollte[2] – und vor allem in der oben vertretenen Art der Gesellschafts-, Kultur- und Mentalitätsgeschichte, die auf die Analyse von Begriffen und Deutungsmustern respektive von Orientierungs- und Wertsystemen vergangener Gesellschaften zielt und die sich auch um Erklärungen für die Akzeptanz und Bindungswirkung solcher Systeme bemüht. Gerade die erwähnte eigentümliche „Gehorsamstiefe" des *populus Romanus* muß in diesem Licht noch einmal und neu thematisiert werden – ist sie doch eine besonders wichtige Ressource der Herrschaft eines „Amtsadels", der auf Volkswahl beruhte und schon deswegen auf ein hohes Maß an Zustimmung angewiesen war.

Wie könnte es sich vor diesem Hintergrund also mit dem dazu notwendigen breiten Konsens im Verhältnis zur allgegenwärtigen Konkurrenz verhalten? Zu diesem Problem hat *Simmel* eine durchaus inspirie-

---

[1] In diesem Zusammenhang wichtig ist vor allem die Schrift: *Simmel*, Soziologie.
[2] Vgl. dazu allgemein *Oexle*, Geschichte, 17 ff., 22 f., sowie *ders.*, Streit, 194 ff. und passim. S. auch *Daniel*, Kompendium Kulturgeschichte, 53 ff., mit weiterer Literatur.

rende Definition des Konzeptes der Konkurrenz entfaltet: Zunächst bezeichne diese Kategorie nur „solche Kämpfe, die in den parallelen Bemühungen" der Konkurrenten „um einen und denselben Kampfpreis bestehen" – und dabei, das ist entscheidend, darf sich dieser Preis eben „nicht in der Hand eines der Gegner" befinden. In „der besonderen Kampfform der Konkurrenz" ringen die daran beteiligten „Parteien" also nicht „unmittelbar miteinander", „sondern um den Erfolg ihrer Leistungen bei einer dritten Instanz".[3] Gegen die allgemeine Tendenz, die „vergiftenden, zersprengenden, zerstörenden Wirkungen" der Konkurrenz als Form des Kampfes hervorzuheben, betont *Simmel* damit die „ungeheure vergesellschaftende Wirkung" respektive „synthetische Kraft" der Konkurrenz: „Indem der Zielpunkt, um den innerhalb einer Gesellschaft die Konkurrenz von Parteien stattfindet, doch wohl durchgängig die Gunst eines oder vieler dritter Personen ist – drängt sie jede der beiden Parteien, zwischen denen sie stattfindet, mit außerordentlicher Enge an jene Dritten heran" – und das kann eben auch die Masse des Volkes sein, „sobald diese auf Grund der Konkurrenz die Auswahl unter den Bewerbern hat".[4] Gerade in diesem Fall ist „die Konkurrenz in der Gesellschaft" immer notwendig eine „Konkurrenz um den Menschen, ein Ringen um Beifall und Aufwendung, um Einräumungen und Hingebungen jeder Art, ein Ringen der Wenigen um die Vielen wie der Vielen um die Wenigen; kurz, ein Verweben von tausend soziologischen Fäden ... durch die raffiniert vervielfältigten Möglichkeiten, Verbindung und Gunst zu gewinnen". So zwingt die Konkurrenz „den Bewerber, der einen Mitbewerber neben sich hat und häufig erst hierdurch eigentlicher Bewerber wird, dem Umworbenen entgegen- und nahezukommen, sich ihm zu verbinden" und „alle Brücken aufzusuchen oder zu schlagen, die das eigne Sein und Leisten mit jenem verbinden könnten".[5]

Damit erscheint jener ungewöhnlich große Aufwand der Kommunikation zwischen der politischen Klasse und allen ihren Mitgliedern einerseits und dem Volk, der Bürgerschaft andererseits in einem neuen Licht. Die „auffallend öffentlichkeitsorientierte Grundtendenz der vielfältigen Formen der Selbstdarstellung"[6] der politischen Klasse war in

---

3 *Simmel*, Soziologie, 323 ff., Zitate 323 und 340.
4 Zitate ebd. 327 f.
5 Zitate ebd. 328 bzw. 327.
6 *Hölkeskamp*, Nobilität, 219 ff., vgl. 248 ff. Vgl. auch *Flaig*, Lebensführung, 207 ff. und passim; *Patterson*, Political Life, 29 ff.

der Forschung zwar längst zur Kenntnis genommen worden, galt aber immer als irgendwie selbstverständlich – nicht zuletzt unter dem Eindruck der erwähnten neuen kulturhistorischen Fragestellungen und Ansätze erscheint dieses Phänomen nun jedoch als eigens erklärungsbedürftig.

Zunächst ergeben sich diese kollektive Fixierung auf Öffentlichkeit generell und der permanente Druck auf jedes Mitglied der politischen Klasse, sich selbst gewissermaßen präsent zu machen, im besonderen geradezu notwendig aus der sozialen Logik und praktischen Dynamik eines agonalen Systems im Sinne *Simmels*. Dieser Logik verdankt sich nicht nur das reiche Repertoire der Rituale und Zeremonien, bei denen sich Aristokraten in ihren verschiedenen Rollen als Stifter, Organisatoren und aktive Träger und das römische Volk als passive Teilnehmer und Adressaten begegneten – etwa bei den bereits erwähnten *pompae* im Vorfeld von Spielen und Festen, den opulenten Triumphalprozessionen und den besonders symbolträchtigen Leichenbegängnissen der großen Familien. Diesem System diente auch das ebenfalls breit differenzierte Spektrum der Orte der Interaktion zwischen den Beteiligten – Forum Romanum und Comitium, Sacra via und Capitol, Marsfeld, Circus Maximus und Circus Flaminius[7] – und schließlich die schiere Zahl der Anlässe und Formen von Theateraufführungen und ähnlichen Inszenierungen aller Art bis hin zu Gladiatorenkämpfen, Tierhetzen und sogar öffentlichen Hinrichtungen.[8]

Auch die rapide Zunahme der Gelegenheiten und Anlässe liegt noch in der Logik eines agonalen Systems im Sinne *Simmels*: Zumindest in der politischen Kultur der mittleren und späten Republik kann man dafür – über die simple Feststellung einer allgemeinen Steigerungsdynamik hinaus, die jedem System dieser Art inhärent ist – mindestens eine konkrete Ursache ausmachen: Eine andere wichtige Ebene der Interaktion zwischen Elite und Volk verlor nämlich an Bedeutung und Wirksamkeit – das traditionelle „Bindungswesen" trat in die bereits erwähnte „dritte Phase" ein, die man seit *Meier* noch vorwiegend negativ, d. h. mit einer Begrifflichkeit des Verlustes und wachsender Defizite beschrieben

---

[7] Den besten Überblick über diese „öffentlichen Räume" im Rahmen der urbanistischen Entwicklung der Stadt bieten *Stambaugh*, City, 16 ff. und passim, und jetzt *Kolb*, Rom. Vgl. auch die übrige Literatur oben S. 72 Anm. 38.
[8] Vgl. dazu *Flaig*, Entscheidung, 100 ff., 118 ff.; *ders.*, Ritualisierte Politik, 232 ff.; ferner *Laser*, Bedeutung, 92 ff.; *Döbler*, Agitation, 67 ff. S. bereits *Stambaugh*, City, 225 ff. Vgl. auch *Gruen*, Culture, 183 ff.

hatte[9]: Quantitative Vermassung der „Clientelen", die Vervielfältigung und Differenzierung der Beziehungen und die daraus resultierende wachsende räumliche wie hierarchische Distanz zwischen Patron und dem größten Teil seiner Clienten, die damit wiederum verbundene rapide Abnahme der Frequenz unmittelbarer Kontakte und der Dichte der Kommunikation zwischen den Beteiligten[10] – alle diese sich bedingenden Verluste an sozialer Nähe und Dichte der Beziehungen wurden (zumindest partiell und für einige Zeit) eben durch den Aufbau bzw. die intensivere Nutzung der erwähnten anderen Formen und Medien der Kommunikation und Interaktion zwischen dem *populus Romanus* und seiner politischen Klasse ersetzt und kompensiert.

Zu den in diesem spezifischen „republikanischen" Umfeld besonders wichtigen, gewissermaßen unmittelbar politischen Orten und Formen der Interaktion zwischen politischer Klasse und Bürgerschaft gehörten natürlich auch die verschiedenen Arten der Comitien bzw. der plebeischen *concilia*, die als Gesetzgebungs- und Wahlversammlungen auf dem Marsfeld bzw. dem Comitium und später dem Forum Romanum zusammentraten – und auch die erwähnten „Hierarchisierungs-" und „Egalisierungsrituale"[11] dienten insofern noch der Kommunikation, als sie eine regelmäßig wiederholte implizite Verständigung zwischen Aristokratie und Volk über ihr Verhältnis und ihre Verpflichtung zur gegenseitigen Bestätigung ihrer jeweiligen Rollen in diesem System darstellten.

Gerade deswegen gehören dazu nicht zuletzt die ebenfalls bereits erwähnten *contiones*: Hier war ja der Ort, an dem die gesamten Geschäfte des *populus Romanus*, seines Imperiums und (damit) seiner politischen Klasse be- und verhandelt wurden; hier war also auch der Ort, an dem jedes aktive Mitglied dieser Klasse regelmäßig in einer seiner wichtigsten öffentlichen Rollen aufzutreten hatte – nämlich als Redner in den Debatten vor den anwesenden Bürgern, als Partei in Kontroversen über strittige Agenden auf der Tagesordnung der Politik wie als Anwalt oder Ankläger in Prozessen.[12] Diese Rolle hatten alle zu erfüllen, die zur po-

---

[9] *Meier*, Res publica amissa, 30 ff., 41 ff. Vgl. auch *Hölkeskamp*, Nobilität, 253 ff.
[10] Vgl. dazu *Flaig*, Entscheidung, 103 f.; *ders.*, Lebensführung, 210 f. u. ö.
[11] Begriffe nach *Jehne*, Integrationsrituale, 108 u. ö.
[12] Vgl. dazu *Hölkeskamp*, Oratoris maxima scaena, 16 ff., 48 f. und passim; *Laser*, Bedeutung, 138 ff., 186 ff.; *Fantham*, Contexts, 111 ff.; *May*, Ciceronian Oratory, 53 ff; und vor allem *Jehne*, Rednertätigkeit, 170 ff., der die Unterschiede zwischen den verschiedenen „Rednerrollen" herausgearbeitet hat. Vgl. auch bereits *David*, „Eloquentia popularis"; *ders.*, Compétence sociale.

litischen Klasse gehörten oder gehören wollten – der junge Senator aus alter Familie ebenso wie der ehrgeizige *homo novus* ohne Ahnen, der subalterne, die höheren Ränge anstrebende Magistrat ebenso wie der bereits arrivierte Ex-Consul. Diese Rolle war in doppelter Hinsicht, pragmatisch wie strukturell, konstitutiv für die Zugehörigkeit zur Elite und stand insofern gleichberechtigt neben denen des Senators und Patrons, des Magistrats und sogar des Feldherrn; denn einerseits erreichte man ohne die Erfüllung dieser Rolle zumindest die zuletzt genannten Funktionen gar nicht erst – durch öffentliches Auftreten „bekannt" zu sein, war eine unabdingbare Voraussetzung der „Beförderung" zu höheren *honores.* Diese konkrete Bedeutung der Rolle war andererseits tief in die Struktur einer stadtstaatlichen politischen Kultur eingebettet, die auf der permanenten und intensiven Interaktion zwischen politischer Klasse und Volk beruhte; denn diese Interaktion realisierte sich wesentlich in der Reziprozität von Hinwendung zum *populus Romanus* als Forum der Entscheidung und Quelle der Legitimität und der Bestätigung und Erneuerung dieser Klasse durch eben diesen *populus* vermittels Wahlen und anderer Formen der Zustimmung.

Institutionen und Verfahren der Partizipation der Bürgerschaft, Comitien und Contionen, Wahlen und Gesetzgebung, Öffentlichkeit der Politik und permanente Präsenz, Sichtbarkeit und Aktivität der politischen Klasse im öffentlichen Raum sind also keineswegs nur denkbar in einer „demokratischen" politischen Kultur, wie *Millar* behauptet.[13] Vielmehr erweisen die Medien und Formen einer „hierarchischen" Kommunikation sich hier als strukturell notwendige Grundlagen und Bedingungen einer spezifischen aristokratischen politischen Kultur, in der das (im weiteren Sinne des Begriffs) „institutionalisierte" Volk eine zentrale Rolle bei der Konstitution und Reproduktion der „Aristokratie" als politischer Klasse zu erfüllen hat.

Andererseits – und das ist implizit dabei immer mitzudenken – gibt es für das Funktionieren bzw. sogar die Möglichkeit der Konkurrenz eine unverzichtbare Grundlage, nämlich einen Konsens über die Regeln und Bedingungen, durch den jene nicht nur gehegt, kanalisiert und damit sozialverträglich wird, sondern auch erst die besondere „sozialisierende Kraft" entfalten kann, die ihr *Simmel* zuschreibt: Mehr als in allen anderen Formen des Kampfes müssen die Beteiligten „unter der beiderseitig anerkannten Herrschaft von Normen und Regeln" antreten – und je

---

[13] Z.B. *Millar*, Rome, 141 f., 181 f. u.ö.; *ders.*, Crowd, 9 ff. und passim.

schärfer die Konkurrenz ist, desto mehr muß diese „Normierung" geradezu „eine rigorose, unpersönliche, beiderseitig mit der Strenge eines Ehrenkodex beobachtete" sein. Zu diesen Regeln und Normen gehört zunächst allgemein die grundsätzliche Gleichheit der Konkurrenten bzw. ihrer Chancen und Erfolgsaussichten. Nur dann können die Beteiligten den Ausgang jedes Konkurrenzkampfes so wahrnehmen, daß „Niederlage wie Sieg ... nur der zutreffende und gerechte Ausdruck für die beiderseitigen Kraftmaße ist: Der Sieger hat sich den genau gleichen Chancen ausgesetzt wie der Besiegte, und dieser hat seinen Ruin ausschließlich seiner eigenen Unzulänglichkeit zuzuschreiben".[14] Damit hängt wiederum die Grundbedingung des Vergleichs und der Vergleichbarkeit jener Leistungen zusammen, die die Konkurrenten einzubringen fähig und bereit sind: Auf dieser Grundlage vergibt die erwähnte „dritte Instanz" ihre „Gunst" und damit das knappe Gut in Gestalt des Siegespreises, und auf dieser Grundlage ist der Ausgang dieses Verfahrens und vor allem das Verfahren selbst auch für die Verlierer akzeptabel – im konkreten Fall wird die Akzeptanz des Verfahrens durch die Verlagerung in die Wahlversammlung des souveränen *populus Romanus* ermöglicht und sogar gesteigert.

Diese Akzeptanz wurde durch eine weitere Besonderheit des traditionellen Regelwerks noch gefördert, die *Martin Jehne* treffend als das „klar konsensualistische Element" des Verfahrens der Wahl gekennzeichnet und als bezeichnende Eigentümlichkeit dieser politischen Kultur namhaft gemacht hat.[15] Zunächst waren Abstimmungen prinzipiell nach Erreichen einer Mehrheit der Stimmkörper zu Ende – das galt auch für Wahlverfahren: Sobald etwa zwei Kandidaten für die beiden Consulstellen die notwendige Mehrheit von 97 der 193 Centurienstimmen erhalten hatten, wurde das Verfahren einfach abgebrochen, und die Resultate aus den restlichen Centurien (immer der unteren Klassen) wurden gar nicht mehr ermittelt. Die Abstimmungsergebnisse wurden außerdem nie vollständig und genau bekanntgeben: Es wurde immer nur verkündet, welche Kandidaten erfolgreich waren – die Zahl der tatsächlich für sie abgegebenen Stimmen wurde nie genannt (und erst recht nicht die Stimmenzahlen durchgefallener Kandidaten). Das heißt, daß Relationen, also (womöglich knappe) Mehrheiten bzw. (womöglich starke) Minderheiten, nicht sichtbar wurden – dadurch wurde eine Einhellig-

---

[14] Zitate bei *Simmel*, Soziologie, 304 f., 343, vgl. 335, auch zum Folgenden.
[15] Vgl. dazu grundlegend *Jehne*, Integrationsrituale, 108 ff.

keit, Einigkeit und Homogenität suggeriert, auf denen eine eigentümliche „Konsensfiktion" beruhte[16]; und gerade eine solche Fiktion muß und kann eben auch von Minderheiten (und unterlegenen Kandidaten) mitgetragen werden.

*

Damit können wir nun auch die wesentliche Voraussetzung für die besondere Homogenität und Kohärenz des Senatsadels als Gruppe, die immer wieder diagnostiziert worden ist[17], konzeptuell genauer fassen: Die Konkurrenz und ihre zentrale Rolle für die Reproduktion dieser „Meritokratie", ihre Allgegenwärtigkeit und Schärfe mußte durch einen entsprechenden Konsens, eine besondere Breite und Tiefe der Akzeptanz über Startbedingungen, Regeln und Ziele eingehegt sein – anders gesagt: Im konkreten Austrag der Konkurrenz durfte der Konsens über die Regeln der Konkurrenz selbst grundsätzlich nicht zur Disposition stehen. Dieser Konsens konnte daher eben nicht nur auf ebenso hehre wie allgemeine Werte und Tugenden, *virtus* und *fortitudo, gravitas* und *sapientia* beschränkt bleiben, sondern mußte sehr viel konkretere Maßstäbe und Codes enthalten, wie deren Einlösung durch das Verhalten als Magistrat und Imperiumsträger, Senator, Priester und Patron eigentlich aussehen sollte – der mehrfach erwähnte *mos maiorum* enthält ja durchaus solche praktischen Handlungsmaximen und Regeln, die etwa in tradierten *exempla* der Vorfahren und anderen „Vor-Bildern" formuliert oder kodiert waren.[18] Daran hatte man sich zu orientieren, das verlangte wiederum eben nicht nur der Konsens über die Konkurrenz durch Leistung und Anerkennung, sondern das war zugleich die unabdingbare Voraussetzung für diejenigen Normen und Kriterien, nach denen sich die Hierarchie der Stufen, die daraus folgenden Verhältnisse der Unter- und Überordnung, Seniorität und Anciennität bestimmten – noch einmal anders gesagt: In der permanenten Konkurrenz um Rang und Vorrang in einer Hierarchie dürfen die Kriterien von Rang und Rangfestlegung

---

[16] Ebd. 109. Vgl. dazu auch *Flaig*, Ritualisierte Politik, 155 ff.
[17] Vgl. dazu bereits *Meier*, Res publica amissa, 49 ff., 119 ff.; *Hölskamp*, Nobilität, 241 ff., mit weiteren Nachweisen; *Blösel*, Mos maiorum, 46 ff., auch zum Folgenden.
[18] Vgl. dazu *Hölskamp*, Exempla, 312 ff., und zuletzt *Flaig*, Ritualisierte Politik, 76 ff. S. auch die einschlägigen Beiträge in *Coudry/Späth* (Eds.), L'invention des grands hommes.

selbst nicht Gegenstand der Konkurrenz sein, sondern müssen sogar notwendig zum Kernbestand des Konsenses gehören.

Mehr noch: Nicht nur die Hierarchie des *cursus honorum*, der Vorrang der Consulare vor den Praetoriern, der älteren Consulare vor den jüngeren, gelegentlich dann auch noch der patrizischen vor den plebeischen, mußte an sich und prinzipiell unstrittig sein. Auch über das, was den Anspruch jedes einzelnen Senators auf jeder einzelnen Stufe der Hierarchie auf weiteren Aufstieg begründete, mußte zumindest grundsätzlich Konsens bestehen – und zwar nicht nur innerhalb des Adels selbst, also der Gruppe, aus der die potentiellen Konkurrenten kamen, sondern auch generell, im *populus Romanus* insgesamt, also (in *Simmelschen* Kategorien) in der entscheidenden „dritten Instanz". Denn dieser Konsens über Status- und Rangkriterien und deren relative Gewichtung ist zugleich eine fundamentale Voraussetzung für das Vergleichen und die Vergleichbarkeit der konkreten Leistungen und der darauf beruhenden Ansprüche, die die einzelnen Konkurrenten im Kampf um die Gunst der „dritten Instanz" des *populus Romanus* in den Comitien geltend machen.

VIII. „Symbolisches Kapital" als „Kredit": Suche nach dem Kern des Konsenses

Zu den dabei relevanten, als legitim geltenden „Beförderungskriterien" gehörte aber eben nicht nur die eigene, individuelle Leistung, sondern auch – als Empfehlung und zugleich als „Kredit" bzw. Vorschuß – der Rang und die Reputation der Familien der Bewerber. Damit sind wir endlich bei dem eigentümlichen Spezifikum dieser „Meritokratie" und damit beim Kern der Sache: Wenn schon die *honores* im engeren Sinne selbst nicht vererbt werden konnten (und der Ideologie der Reziprozität von Dienst und Leistung, Exzellenz und Ehre nach gar nicht erblich sein durften), dann können andere, eben doch vererbbare Kriterien, Eigenschaften, Vorteile oder Privilegien besondere, erhöhte Bedeutung für die Statuskonstituierung erlangen. Damit stellt sich die grundsätzliche Frage: Was ist unter diesen Voraussetzungen überhaupt konstitutiv für Status, Rang und Vorrang, *dignitas* und *auctoritas*?

Die Forschung der letzten Jahrzehnte hat hier immerhin bereits zu einigen plausiblen, aber konkret noch zu differenzierenden Antworten geführt. Es war eine typisch römisch-republikanische Variante von „sozialem" respektive „symbolischem Kapital" im Sinne *Pierre Bourdieus*: Generell besteht das „Sozialkapital" in der „Gesamtheit der aktuellen und potentiellen Ressourcen, die mit dem Besitz eines dauerhaften Netzes von mehr oder weniger institutionalisierten *Beziehungen* gegenseitigen Kennens oder Anerkennens verbunden sind"; diese Ressourcen beruhen auf der „Zugehörigkeit zu einer Gruppe": „Das Gesamtkapital, das die einzelnen Gruppenmitglieder besitzen, dient ihnen allen gemeinsam als Sicherheit und verleiht ihnen – im weitesten Sinne des Wortes – *Kreditwürdigkeit*." Auch das „symbolische Kapital" beruht auf Bekanntheit und Anerkennung, es umfaßt Ansehen und Ehre, Ruhm, Reputation und Renommée. Die beiden Formen sind mithin kaum voneinander zu trennen, ja nicht einmal zu unterscheiden, weil auch das „soziale Kapital" sich ausschließlich in der „Logik des Kennens und Anerkennens" bewege und daher „immer als symbolisches Kapital funktioniert".[1]

[1] *Bourdieu*, Ökonomisches Kapital, 190 f., 194 f. (Zitate) und passim; *ders.*, Sozialer Sinn, bes. 215 ff. Vgl. *Fröhlich*, Kapital, 35 ff., mit weiteren Belegen und Literaturnachweisen. S. zu Grundlagen und Kontext der Bourdieuschen Kategorien die einschlägigen Beiträge in *Mörth/Fröhlich* (Hrsg.), Das symbolische Kapital; ferner

Im konkreten Fall der republikanischen „Meritokratie" begründete gerade das „symbolische Kapital" eben doch eine gewissermaßen indirekte und sekundäre, vor allem aber prekäre Erblichkeit von aristokratischem Status: Dieses „Kapital" entstand ja durch die stetige Akkumulation von anerkannt statusbegründenden früheren Leistungen und den entsprechenden zählbaren formalen Anerkennungen über Generationen hinweg – und damit war es seiner Natur nach ein „Erbe". Ebenso klassisch wie knapp ist das in der Grabinschrift eines weiteren Scipio aus der zweiten Hälfte des 2. Jahrhunderts auf eine Formel gebracht: Er habe nicht nur die *virtutes* seiner berühmten *gens* allgemein durch seine eigenen *mores* vermehrt, sondern auch und darüber hinaus das „Erbe" weitergegeben: „stirpem" – hier zugleich als „Familie", „Stamm" und „Nachkommen" zu verstehen – „nobilitavit honor".[2] Was im konkreten Fall dieser *honor* bzw. die *honores* waren, wird natürlich auch wieder ausführlich genannt: Dieser Scipio – es handelt sich um Gnaeus Cornelius Scipio Hispanus – war Praetor, curulischer Aedil, Quaestor und gleich zweimal Militärtribun, außerdem Mitglied eines Richterkollegiums und der *decemviri sacris faciundis*, also eines wichtigen Priesterkollegiums.[3]

Im Fall der republikanischen politischen Klasse waren es also die Sammlung und das sorgfältige „Verstauen" der *honores* der Vorfahren in einem familiären Erinnerungsfundus, die gar nicht anders denn als sukzessiver Aufbau des „Erbes" einer Familie oder *gens* verlaufen konnten. Dies alles verband sich mit jenem persönlichen Merkmal eines Kandidaten in der Konkurrenz um aktuelle *honores*, das wiederum seiner Natur nach erblich war – dem Gentilnamen, der in einem solchen Fall eben in römischen Augen ein „großer Name" war. Darauf beruht die eigentümliche Vorstellung von der „Empfehlung durch die Ahnen" (*commendatio maiorum*), die die Wahlchancen beträchtlich verbesserte – mit der für den Parvenu typischen Mischung aus Neid und Verachtung sagte Cicero von einem Träger eines solchen „großen Namens", daß er schon in der Wiege zum Consul designiert worden sei.[4]

Gilcher-Holtey, Praktiken, 111 ff.; *Reichardt*, Bourdieu für Historiker?, bes. 79 f.; *Göhler/Speth*, Symbolische Macht, 37 ff.; *Daniel*, Kompendium Kulturgeschichte, 179 ff., jeweils mit weiteren Nachweisen. S. auch *David*, République, 23, 31 u.ö.
[2] ILLRP 316.
[3] Daten und Belege bei *Friedrich Münzer*, in: RE 4/1, 1900, 1493, s.v. Cornelius (Nr. 347).
[4] Cic. *de lege agraria* 2, 100; s. auch Sall. *bellum Iugurthinum* 63, 6 (über die Ver-

Noch einmal anders formuliert: Es war integrierter Teil des Konsenses, daß das „symbolische Kapital" ein legitimes Kriterium der Statuskonstituierung und Rangfestlegung darstellte. Im einzelnen muß es nun darum gehen, die kulturspezifische Ausprägung dieses Kapitals genauer zu fassen: Was ist in diesem besonderen System einer „politischen Klasse", die sich selbst permanent als „Meritokratie" konstituiert, das „symbolische Kapital" eigentlich konkret? Welche Formen kann es annehmen und welche konkreten Inhalte aufnehmen? Wie geht man unter diesen Bedingungen und vor diesem Hintergrund einer allgegenwärtigen Konkurrenz mit dem „symbolischen Kapital" um? Wie wird es eingesetzt, nach welchen Regeln, zu welchen Anlässen und zu welchen Zwecken? Mehr noch: Gibt es unterschiedliche Wirkungen verschiedener Facetten des „symbolischen Kapitals", unterschiedliche Kontexte, in denen unterschiedliche „Bestände" oder Vorräte daraus „angezapft" werden können? Noch sind längst nicht alle Fragen beantwortet – einige sind bislang noch nicht einmal explizit formuliert worden.

*

Im konkreten Fall gehörte dazu zunächst unbedingt das einfach Zählbare, nämlich Ämter und vor allem Triumphe: Neben den akkumulierten *honores* brachte die erwähnte *gens Claudia* es auf sechs und zwei weitere „kleine" Triumphe (*ovationes*).[5] Auch dabei scheint es wiederum „feine Unterschiede" (diesmal nicht oder nicht nur im *Bourdieuschen* Sinne) hinsichtlich des relativen Wertes verschiedener „Einlagen" im „symbolischen Kapital" gegeben zu haben, wiederum naturgemäß auf der Basis einer grundsätzlichen Vergleichbarkeit: Erstens galt das für die „einfache" oder „primäre" *commendatio maiorum*, die sich auf das buchhalterisch zählbare Kapital der akkumulierten Consulate etc. bezog – hier wurde sehr wohl unterschieden, wie alt und verstaubt oder neu und aktuell die „Einlage" war. Dafür gibt es eine ganze Reihe von Indizien, die alle in diese Richtung weisen. Der berühmt-berüchtigte Consular, Censorier und *princeps senatus* M. Aemilius Scaurus – nach Sallust ebenso arrogant und intrigant wie korrupt und gierig – war eine der einflußreichsten „grauen Eminenzen" seiner Zeit, durch dessen bloßes „Kopfnicken" geradezu „die Welt regiert wurde" – aber am Anfang

---

hältnisse am Ende des 2. Jahrhunderts v. Chr.): „... consulatum nobilitas inter se per manus tradebat". Vgl. *Hölkeskamp*, Nobilität, 205, mit weiteren Belegen.
[5] Suet. *Tiberius* 1, 2.

seiner Karriere mußte er sich „wie ein *homo novus* abmühen", um (so Cicero in sehr viel positiverem Ton als Sallust) „memoriam prope intermortuam generis sua virtute renovare"; denn Scaurus entstammte zwar der bekannten altaristokratischen *gens Aemilia*, aber dieses „Kapital" war als solches kaum etwas wert.

Scaurus gehörte nämlich einem bis dahin politisch völlig unbedeutenden Zweig an: Weder sein Vater, noch sein Großvater und noch nicht einmal sein Urgroßvater hatten irgendwelche *honores* erreicht, „propter tenues opes et nullam vitae industriam".[6] Auch der später noch bekanntere (und umstrittenere) Dictator L. Cornelius Sulla hatte einen solchen Nachteil auszugleichen, „cum familiae eius claritudo intermissa esset": Er gehörte zwar einem Zweig der hochberühmten patrizischen *gens Cornelia* an, aber diese Linie konnte sich in keiner Weise etwa mit den Scipionen messen – der letzte Consul unter Sullas direkten Vorfahren lag mehr als vier Generationen zurück, es handelte sich um P. Cornelius Rufinus, Consul 290 und 277, der von den Censoren angeblich wegen Gier und Verschwendung aus dem Senat ausgeschlossen worden war. Dessen Nachkommen – wahrscheinlich Sullas Urgroßvater und Großvater – brachten es noch zur Praetur, sein Vater erreichte anscheinend nicht einmal diesen Rang.[7]

Daß „symbolisches Kapital" der römischen Art sich über wenige Generationen verbrauchen konnte, belegt schließlich auch Ciceros wohlgezielte Bemerkung in der bereits erwähnten Verteidigungsrede für Murena (15 f.), daß die „dignitas generis" und die „nobilitas" des Klägers und Prozeßgegners Ser. Sulpicius Rufus zwar „summa" sei, aber eben nur noch „hominibus litteratis et historicis" (!), nicht aber dem *populus* und den Wählern überhaupt noch bekannt sei; denn Sulpicius' Vater sei ja nur von „ritterlichem" Rang („equestri loco") gewesen – das soll heißen, daß er nicht einmal eine subalterne Magistratur und damit senatorischen Status erreicht hatte. Und der Großvater hatte sich auch nicht irgendwie hervorgetan: „avus nulla inlustri laude celebratus". Daraus ergab sich das (vielleicht etwas überspitzte) Fazit des Anwalts Cicero an die Adresse des Gegners: „Itaque non ex sermone hominum recenti sed ex annalium vetustate eruenda memoria est nobilitatis tuae." Auch hier scheint es also einen Konsens über eine Art Hierarchie nach Gewicht

---

[6] Ascon. *in Scaurianam* p. 25 *Stangl*; Cic. *pro Fonteio* 24; *pro Murena* 16 (Zitate); Sall. *bellum Iugurthinum* 15, 4.
[7] Sall. *bellum Iugurthinum* 95, 3; Vell. Pat. 2, 17, 2 (Zitat); Plut. *Sulla* 1, 1 ff. Vgl. *Friedrich Münzer*, in: RE 4/1, 1900, 1422 ff., 1517 ff. s.v. Cornelius (Nr. 302 bzw. 379, 382 ff.).

und Geltung einzelner „Einlagen" im „symbolischen Kapital" gegeben
zu haben – eine Hierarchie, die letztlich auch die anderen Hierarchien
der Statuskriterien widerspiegelt.

*

Darin zeigt sich ein weiteres spezifisches Merkmal der römisch-republikanischen Ausprägung einer aristokratischen politischen Kultur: Um
wirksam werden zu können, gerade auch als „sekundäres Adelskrite-
rium" auf diesem entscheidenden Feld der Konkurrenz, mußte das
„symbolische Kapitel" ständig gehegt und gepflegt werden. Denn die
„Macht des Namens" konnte nur wirken, wenn sie aktuell, eben „ex sermone hominum recenti" präsent und in der Gegenwart konkret relevant
war – und zwar nicht nur in der Wahrnehmung der *peer group*, sondern
auch, um noch einmal auf Cicero anzuspielen, in der „memoria" des
populus und der Wähler, also derjenigen „Öffentlichkeit", die in ihrer
institutionalisierten Gestalt als Versammlung die wichtigsten Prämien in
der Konkurrenz zu vergeben hatte. Und das gilt umso mehr, als es eben
diese „Öffentlichkeit" war, die damit zugleich den Familien der erfolgreichen Konkurrenten einen frischen Zuschuß oder eine Aufstockung
des „symbolischen Kapitals" verlieh.

Das „symbolische Kapital" benötigte daher also die regelmäßige Ak-
tualisierung und damit Erneuerung der Erinnerung an die bereits akkumulierten „Kapitalien" – darauf zielten die bekannten Praktiken der
öffentlichen Selbstdarstellung der großen Familien, insbesondere das
Ritual der *pompa funebris*: Dieses genau geregelte, nach immer gleichem Muster ablaufende Leichenbegängnis eines *nobilis* führte vom
Haus des Verstorbenen zu einem der politisch-religiösen Zentren Roms
und des Reiches, dem Forum Romanum.[8] Dabei ging es nicht in erster
Linie um das letzte Geleit für den Verstorbenen selbst, sondern um seine
demonstrative Aufnahme und Einordnung in die Reihe seiner Ahnen:
Zu diesem Zweck waren diese bei diesem Umzug symbolisch präsent
und begleiteten den Verstorbenen, und zwar in streng chronologischer
Ordnung, beginnend mit dem ältesten Ahn, der im Wortsinne Rang und
Namen in die Familie eingebracht und damit den Grundstock ihres
„symbolischen Kapitals" gelegt hatte. Zu diesem Zweck wurden die

---

[8] Vgl. dazu und zum Folgenden *Hölkeskamp, Exempla*, 320 ff.; *Flaig, Pompa Fu-
nebris*, 121 ff.; und jetzt *ders.*, Ritualisierte Politik, 49 ff.; ferner *Flower*, Ancestor
Masks, 91 ff. und passim; *Bodel*, Death, 259 ff.; *Blösel, Mos maiorum*, 37 ff.; *Walter*,
AHN, 260 ff.

wächsernen Porträtmasken der Ahnen (*imagines*)[9] – die sonst in Schrei-
nen im Atrium eben jenes Hauses aufbewahrt wurden, von dem die
pompa ausgegangen war – von Personen getragen, die den betreffenden
Vorfahren und die ihm verdankte jeweilige „Einlage" in das „symbolische Kapital" der Familie genau repräsentierten: Sie trugen nämlich die
purpurgesäumte Toga eines Praetors oder Consuls oder auch die goldbe-
stickte Purpurtracht des Triumphators und wurden von einer entsprechenden Zahl von Liktoren begleitet – je nachdem, welchen Rang und
welche *honores* der repräsentierte Ahn erreicht hatte. Hier wurde also
kein konventioneller Stammbaum der Familie vorgeführt: Vorfahren,
die (aus welchen Gründen auch immer) in der Rangkonkurrenz keine
Rolle gespielt hatten, hatten in dieser Parade der erfolgreichen Mehrer
des symbolischen Kapitals der Familie eben nichts zu suchen.

Der Höhepunkt des Rituals war die *laudatio funebris*, die zumeist von
einem Sohn des Verstorbenen von der Rednertribüne auf dem Forum
gehalten wurde[10] – wie diejenige des Q. Caecilius Metellus auf seinen
Vater Lucius aus dem Jahre 221 v. Chr.: Der Verstorbene sei nicht nur
Consul und Proconsul, *magister equitum* und später auch Dictator zur
Abhaltung der Wahlen, *pontifex* und dann sogar *pontifex maximus* gewesen, und er habe einen Triumph gefeiert, bei dem zum ersten Mal
Elephanten vorgeführt worden seien; vor allem habe dieser berühmte
Metellus auch die „zehn wichtigsten und höchsten Ziele", nach denen
„kluge Männer" lebenslang strebten, so vollkommen erreicht wie niemand zuvor seit der Gründung Roms. Zu diesem exemplarischen Kanon
typischer Orientierungen eines *nobilis* gehörte einerseits, sich im Krieg
als *primarius bellator* und *fortissimus imperator* ausgezeichnet zu haben, unter dessen Auspizien als Feldherr die „größten Taten" vollbracht
worden seien (*auspicio suo maximas res geri*); dazu gehörte andererseits, sich in der Politik als *optimus orator* einen Namen gemacht zu haben und als *summus senator* durch *summa sapientia* hervorgetreten zu
sein; dabei habe er schließlich auch noch für den Wohlstand – und damit
den Status – seiner Familie und deren Fortbestand gesorgt, indem er auf

[9] Vgl. dazu grundlegend *Flower*, Ancestor Masks, 185 ff. S. dazu die ausführlichen
Rezensionen von *McDonnell*, Un ballo in maschera, und *Flaig*, Kulturgeschichte
ohne historische Anthropologie, in der – allzu – scharfe Kritik an den theoretischen
und konzeptuellen Grundlagen mit wichtigen ergänzenden Überlegungen (gerade
dazu) verbunden ist; s. außerdem *Belting-Ihm*, Imagines.
[10] Polyb. 6, 53, 2 f.; und 54, 1 f. Vgl. dazu grundlegend *Kierdorf*, Laudatio funebris,
mit allen Zeugnissen.

„anständige", also standesgemäße Weise zu einem großen Vermögen gekommen sei (*pecuniam magnam bono modo invenire*) und viele (männliche) Kinder hinterlassen habe. So sei er zu guter Letzt als „hochberühmt" in der gesamten Bürgerschaft (*clarissimus in civitate*) anerkannt gewesen.[11]

Eine *laudatio* dieser Art – und ihre typische Semantik der Superlative – ist gewissermaßen die letzte, explizite und endgültige Bestätigung, daß der Verstorbene als Sieger aus dem lebenslangen Kampf um *honores* und Rang hervorgegangen ist und damit in die glorreiche Geschichte seiner *gens* eingehen kann. Denn diese besondere Art der Rede wurde ja nicht nur vor dem versammelten Volk gehalten, sondern zugleich in Anwesenheit der symbolisch präsenten Ahnen des Verstorbenen (und des Redners), die sich dazu auf curulischen Amtsstühlen niedergelassen hatten. Und in einem weiteren Teil der typischen *laudatio* ging es bezeichnenderweise wiederum nicht nur um die Karriere, Taten und Tugenden des soeben Verstorbenen, sondern auch um *honores* und *res gestae* eben dieser Ahnen: Hier verwiesen also Symbole und Worte, Repräsentation, Ritual und Rede so aufeinander, daß die Anwesenden, Volk und *peers*, die Tradition der einzelnen Familie als integrale Bestandteile der Geschichte der Republik selbst sehen konnten und mußten.[12]

Für die einzelne Familie bedeutete eine solche glanzvolle *pompa funebris* gewissermaßen die Realisierung jenes „Gewinns" an „symbolischem Kapital", den der gerade Verstorbene durch seine *honores* und *res gestae* eingebracht hatte – und das war umso wichtiger und wertvoller, als dadurch und dabei auch der „Kurswert" des bereits vorhandenen Kapitals, das die (symbolisch präsenten) Ahnen eingebracht hatten, bestätigt und sogar erhöht wurde. Das ist tatsächlich durchaus wörtlich zu verstehen. Denn ein „symbolisches Kapital" der beschriebenen Art bedurfte der ständigen Auffrischung in ganz konkretem Sinne. Der Wert dieses symbolischen Kapitals blieb nämlich nicht gleich, es warf keineswegs automatisch und von allein immer gleich hohe „Zinsen" ab, sondern es nutzte sich ab – ein einzelner mehrere Generationen zurückliegender consularischer Vorfahr war, wie bereits angedeutet, weniger wert als ein consularischer Vater oder auch Onkel. Das Kapital bedurfte also der permanenten Erhaltung, Erneuerung und möglichst Aufstockung

---

[11] Plin. *Naturalis historia* 7, 139–140. Vgl. dazu *Kierdorf*, Laudatio funebris, 10 ff.
[12] *Hölkeskamp, Exempla*, 321 f.; *ders., Oratoris maxima scaena*, 11 f., 22, 30 ff.; *Flower*, Ancestor Masks, 128 ff. Vgl. dazu zuletzt *Blösel, Mos maiorum*, 41 ff.; *ders., Memoria*, 53 ff.

durch neue Leistungen und *honores* – und auch hier galten die gleichen
hierarchischen Abstufungen, und auch hier galt das Prinzip der knappen
Ressource: Die besonders knappe und schon daher begehrte Ressource
des *maximus honos* war natürlich auch besonders wertvoll – ja, eigentlich zählten, zumindest seit dem 2. Jahrhundert v. Chr., nur noch Consulate, die (damit verbundenen) selbständigen Kommanden und die (dabei
zu erntenden) Triumphe. Die eifrige Betonung in der genannten Grabinschrift des Scipio Hispanus, daß er den Taten seines Vaters – man muß
fast sagen: zumindest – „nachgestrebt" habe, selbst Nachkommen hinterlassen habe und dadurch erreicht hätte, daß die überragenden *maiores*
seiner *gens* sich seiner nicht zu schämen brauchten, klingt also nicht zu-
fällig fast entschuldigend. Denn trotz der betont ausführlichen Aufzäh-
lung aller *honores* blieb ja ein Makel: Dieser Sohn und Enkel eines Consuls, verwandt mit dem großen Africanus und mit Scipio Aemilianus,
hatte nur die Praetur erreicht.[13]

*

Aber: Reicht das dürre Zählen von Consulaten und Triumphen? Welchen Status haben Erfolge, Taten und Tugenden derjenigen, die diese
Funktionen innehatten – Ergänzung, Kolorierung, Illustration und Repräsentation von Werten oder auch Kompensation, etwa für ein Defizit
an aktuellen, handfest zählbaren „Kapitalien"? In diesen Zusammenhang gehören vielleicht die vielfach bezeugten fiktiven Genealogien
mehr oder (oft) weniger prominenter Familien – die Abstammung von
dem Trojaner Aeneas war nur eine Variante[14]; offenbar konnten solche
Mythen aber nie ein wirkliches, eigenständiges Gewicht neben dem eigentlichen, „republikanischen" Stammbaum einer *gens* erlangen. Auch
eine Abstammung von den Göttern war nun einmal nicht konstitutiv für
aristokratischen Status – und in der Herkunftstradition der immer wieder erwähnten *gens Claudia* gab es bezeichnenderweise nie eine grie-
chisch-göttliche Konkurrenz zu dem italisch-bodenständigen Urahn aus
dem Sabinerland namens Atta Clausus: Mit mehr als zwei Dutzend
Consuln, diversen Dictatoren und berühmten Censoren im Stammbaum

---

[13] ILS Nr. 6; ILLRP 316, Z. 5 ff.: „progeniem genui, facta patris petiei. Maiorum
optenui laudem ut sibei me esse creatum laetentur..." Vgl. dazu *Flower*, Ancestor
Masks, 169 f., und zuletzt *Kruschwitz, Carmina*, 86 ff.
[14] Vgl. dazu *Wiseman*, Legendary Genealogies, und zuletzt *Hölkeskamp*, Römische
gentes.

brauchte die *gens* eben nicht auch noch einen Gott.[15] Bei einer Reihe von Familien kamen noch besondere, distinktive Traditionen hinzu, die sich als kollektives Image geradezu assoziativ mit ihrem „großen Namen" verbanden – das Spektrum reicht von der traditionellen Volksfreundlichkeit der Valerii[16] über die unnachgiebige Strenge (*severitas*) der Manlii[17] bis zum hochfahrenden Adelsstolz (*superbia*) der Claudii[18]. Daran zeigt sich, daß auch hier das, was wir „symbolisches Kapital" nennen, ein komplexes, ebenso vielschichtiges wie vieldeutiges und gelegentlich auch durchaus ambivalentes „Erbe" sein konnte.

Wie aber steht es mit solchen „Einlagen", die nicht ohne weiteres zählbar und damit unmittelbar vergleich- und (damit) hierarchisierbar sind? Offensichtlich können ja sehr wertvolle, gewissermaßen „hochverzinsliche" Einlagen in das „symbolische Kapital" darunter sein – die bekannten großen Taten der dafür berühmten Ahnen, die als allgemein anerkannte *exempla* im kollektiven Gedächtnis von Adel und Volk präsent blieben, stellen zunächst einmal eine potente „Macht" eines „großen Namens" dar (auch wenn die Last des Namens gelegentlich alles andere in den Schatten stellen konnte). Auffällig dabei ist allerdings, daß ein sehr großer Teil dieser *res gestae* in eben jenen „zählbaren" Funktionen vollbracht wurde, die das strukturierende Skelett des „symbolischen Kapitals" bildeten – nämlich in Consulaten und Kommanden, in Dictaturen oder auch Militärtribunaten. Das wird in der erwähnten Inschrift am Monument des Duilius ebenso betont wie etwa in der (ebenfalls später erneuerten) Weihinschrift, die Lucius Mummius, Consul 146, an dem von ihm gestifteten Tempel des Hercules Victor anbringen ließ: Die darin genannten „res gestae" – nämlich die Eroberung von Achaia und die Zerstörung Korinths – habe er als Consul und Oberbe-

---

15 Vgl. dazu *Wiseman*, Clio's Cosmetics, 57 ff., und *Hölkeskamp*, Römische *gentes*, 20.

16 Vgl. zu dieser Tradition (Cic. *pro Flacco* 1; 25; Liv. 10, 9, 3 ff. etc.) *Wiseman*, Clio's Cosmetics, 113 ff., mit weiteren Belegen (und eigenwilligen Spekulationen über einen erst spätrepublikanischen Ursprung). Vgl. dazu generell *Walter*, AHN, 267 ff., auch zum Folgenden.

17 Vgl. zu diesem Image (Cic. *de finibus* 1, 23 f.; 34 f.; Liv. 7, 7, 22; Val. Max. 5, 8, 3 etc.) *Oakley*, Commentary, 436 ff. (zu Liv. 7, 1–22).

18 Tac. *Annales* 1, 4, 3 ist von der „vetus atque insita Claudiae familiae superbia" die Rede; vgl. Liv. 9, 33, 3; 34, 1 ff. etc.; Suet. *Tiberius* 2, 2 ff. Wie alt dieses „Familienimage" tatsächlich war, ist bis heute umstritten: Nach *Alföldi*, Das frühe Rom, 154 ff. geht es bis in das 3. Jahrhundert v. Chr. zurück; dagegen – mit einer (wohl zu radikalen) Herabdatierung in die Mitte des 1. Jahrhunderts – *Wiseman*, Clio's Cosmetics, 125 ff., vgl. 57 ff.

fehlshaber, also „ductu auspicio imperioque eius" vollbracht, so heißt es betont gleich am Anfang der Inschrift, bevor er „triumphans" nach Rom zurückgekehrt sei.[19] Gerade durch eine solche genaue „Verortung" oder „Datierung" wurden solche Taten und indirekt mit ihnen die spezifischen Tugenden wie *virtus, fortitudo* oder auch Strenge, die sich in ihnen manifestieren, gewissermaßen im Koordinatensystem der Meritokratie besonders gut darstellbar und umso leichter aus dem Vorrat des „symbolischen Kapitals" abrufbar – zum Beispiel immer wieder im Kontext einer *laudatio funebris*.

Gerade hier (und in allen anderen erwähnten Formen und Medien der öffentlichkeitsorientierten Selbstdarstellung einzelner Mitglieder des Senatsadels respektive ihrer Familien) wird damit zumindest implizit suggeriert und oft explizit betont, daß das familiale „symbolische Kapital" immer zugleich den akkumulierten Beitrag der Vorfahren des betreffenden Aristokraten zu einem viel größeren, erhabenen Ganzen darstellt – es ist immer auch Teil der kollektiven Tradition des ganzen Standes und (damit) des Gesamterbes der *res publica* bzw. des *populus Romanus*. So erscheinen die konkreten *maiores* eines individuellen Aristokraten zugleich als Teilgruppe der Gesamtheit der *maiores* – anders gesagt: Die Stifter des „symbolischen Kapitals" einer Familie gehören zugleich zu jenen „Vorfahren", die als idealisierte und zu imitierende, geradezu herrisch Leistung fordernde und doch uneinholbare exemplarische „Vor-Bilder" die *mores*, auf denen die „Sache Roms" ruht[20], und die Größe des Imperiums begründet haben. Diese ebenso selbstbewußte wie selbstverständliche Selbstverortung der großen *gentes* ist wiederum zugleich eine Voraussetzung und ein Resultat des allgemeinen Konsenses über Inhalte und Formen, Medien und Botschaften.

Eine dieser Botschaften wurde bereits in anderem Zusammenhang erwähnt: Die permanente Erzeugung und Erneuerung von *memoria* dieser Art trug dazu bei, die Überlegenheit der politischen Klasse als Kollektiv, die darauf beruhenden Hierarchien und vor allem deren etablierte Legitimität und fortgesetzte Geltung auf Dauer zu bestätigen. Zugleich

---

[19] Vgl. oben Kap. V, bei Anm. 16 zur Duilius-Inschrift; s. zur Mummius-Inschrift (CIL I² 626 = VI 331 = ILS 20 = ILLRP 122) zuletzt *Kruschwitz, Carmina*, 139 ff.; *Domenico Palombi*, in: LTUR 3, 1996, 23–25 s.v. Hercules Victor, aedes et signum, jeweils mit weiteren Nachweisen.

[20] Das berühmte Dictum lautet: „Moribus antiquis res stat Romana virisque" (Ennius Fragm. 156 *Skutsch*) und dazu zuletzt *Blösel, Mos maiorum*, 27; *Stemmler, Auctoritas exempli*, 141 f. Vgl. zur Sache *Hölkeskamp, Exempla*, 308 ff., und zuletzt *Mencacci*, Genealogia, 421 f.

aber – und darauf kommt es hier an – konnte auf diesem (Um-)Weg der emphatischen Betonung von ungebrochener Kontinuität zumindest eine prekäre „Erblichkeit" der Zugehörigkeit der einzelnen *gens* bzw. Familie zur politischen Klasse im weiteren Sinne oder sogar zur Nobilität konstruiert werden. Anders gesagt: Darin besteht eigentlich die sozial profitable „Verzinsung" ihres akkumulierten „symbolischen Kapitals".

*

Dieser Zusammenhang hat wiederum notwendig eine Kehrseite. Denn hier liegt zugleich ein weiterer Grund, warum sich die Konkurrenz tendenziell verschärfen mußte und sich offenbar auch verschärft hat. Wenn einerseits die *honores* und der damit verbundene Status als Kriterium der Rangzuweisung nur jeweils individuell zu erreichen waren; wenn andererseits die *commendatio maiorum* dabei Vorteile verschaffte, dann begründete das zwangsläufig einen hohen Druck auf die individuellen Mitglieder jeder Familie, in der Konkurrenz Erfolg zu haben. Diesem Druck konnte und durfte man sich als junger *nobilis* nicht nur nicht entziehen, sondern man mußte sogar den leisesten Anschein vermeiden, daß man es an *industria* oder Tatkraft bei der unermüdlichen öffentlichen Profilierung mangeln lasse – schon das konnte image- und karriereschädigend sein: Darum geht es in dem Gespräch zwischen Polybios und dem jungen Scipio Aemilianus über dessen Furcht, den selbstverständlich sehr hohen Erwartungen an die Männer aus der Familie der Cornelii Scipiones und erst recht an das zukünftige Haupt dieses großen Hauses als womöglich nicht gewachsen zu gelten.[21]

Denn das symbolische Kapital einer solchen Familie als Voraussetzung des Vorteils durch die *commendatio maiorum* setzte sich ja allein und ausschließlich aus sicht- und zählbaren Erfolgen der einzelnen Mitglieder zusammen – und diese Erfolge wollten erst einmal erzielt werden. Wie selbstverständlich und zwingend diese Normen und die sich daraus ergebenden Erwartungen und Ansprüche an den Einzelnen waren, wird an den Elogien jener Scipionen deutlich, die früh starben und daher die Ämter überhaupt nicht erreichen konnten oder im *cursus honorum* nicht weit genug kamen – jedenfalls nach den anspruchsvollen Standards einer Familie des „inneren Kreises" der politischen Klasse wie eben der Cornelii Scipiones, die in den zwei Generationen nach dem Africanus noch besonders prominent waren. Hier (und übrigens nur

---

21 Polyb. 31, 23, 6–24, 12. Vgl. dazu *Hölkeskamp*, Nobilität, 206, sowie 211 f.

hier) wird das Alter der Verstorbenen ausdrücklich genannt – sie waren zwischen 16 und 33 Jahre alt[22]: „Fragt also nicht", warum er den *honos* eines Amtes nicht erreicht hat – so heißt es am Ende der Inschrift für den Sohn des Consuls 176, natürlich wiederum an „Euch" gewandt, also an die gleiche „Öffentlichkeit" des *populus Romanus*, die schon in erwähnten früheren Elogien erfolgreicherer Scipionen geradezu unmittelbar angesprochen worden war. Hier wird auch immer wieder emphatisch betont, daß die jeweiligen Verstorbenen sehr wohl über die notwendigen Gaben und Talente, „ingenium", „magna sapientia" und überhaupt „multas virtutes" verfügten, um die selbstverständlich erwartete Karriere zu machen – ja, so heißt es einmal, diesmal an den Toten gewandt, „wenn Du sie in einem langen Leben hättest nutzen können, dann hättest Du leicht mit (eigenen) Taten die *gloria maiorum* übertroffen".[23] Die Semantik des Vergleichens mit den Ahnen enthält also eine weitere Botschaft: Die allgegenwärtige Konkurrenz schließt auch das Verhältnis zur eigenen Familie und sogar zu den eigenen Vorfahren ein.

Damit noch nicht genug: Nur der Tod konnte einen anderen Scipio, der schon „in jugendlichem Alter" alle Anlagen, „sapientia" und durchaus auch Ehre und Ansehen („honos") vorzuweisen hatte, daran hindern, auch die Ehrenstellen im Staat (wiederum „honos") zu erreichen: Die verschränkte doppelte Bedeutung des Begriffs wird kaum jemals so explizit deutlich, ja emphatisch hervorgehoben wie in den wenigen Zeilen dieses Elogiums.[24] Gerade hier erweist sich besonders deutlich, wie treffend *Bourdieus* Umschreibung ist, wenn er betont, daß „symbolisches Kapital" immer „*Kredit*" ist, und dies im weitesten Sinne des Wortes, d.h. eine Art Vorschuß, Diskont, Akkreditiv, allein vom Glauben

---

[22] ILLRP, 312 (es handelt sich wahrscheinlich um den im Alter von 20 Jahren verstorbenen Sohn des Consuls 176, Cn. Cornelius Hispallus); 313 (s. dazu oben Kap. VI, mit Anm. 18); 314 (es handelt sich wahrscheinlich um den Sohn des vorigen und damit Enkel des Consuls 190). Vgl. dazu *Eck*, Altersangaben, 127 ff.; *ders.* Elite, 35 ff., mit weiteren Nachweisen; vgl. auch *Kruschwitz, Carmina*, 86 ff.; *Alföldy*, Individualität, 381.

[23] ILLRP 311: „mors perfecit tua ut essent omnia brevia, honos, fama, virtusque gloria atque ingenium. Quibus sei in longa licuiset tibe utier vita, facile facteis superases gloriam maiorum." Vgl. *Kruschwitz, Carmina*, 73 ff. S. auch die typische Formulierung, griechisch gewendet, in dem erwähnten Gespräch zwischen Polybios und Aemilianus: Der Ältere bietet seine Hilfe an, wenn der Jüngere sich „in Wort und Tat der Vorfahren würdig" erweisen muß (Polyb. 31, 24, 5).

[24] ILLRP 312: „Quoiei vita defecit, non honos honore, is hic situs, quei numquam victus est virtutei." Vgl. dazu *Kruschwitz, Carmina*, 93 ff. S. dazu generell bereits *Hölkeskamp*, Nobilität, 211 und 206, mit weiteren (literarischen) Zeugnissen.

der Gruppe jenen eingeräumt, die die meisten materiellen und ideellen *Garantien* bieten"[25], daß es zum Besten bzw. Gewinn der ganzen Gruppe ist.

Das führt uns zu einer weiteren Überlegung: Der permanente Vergleich und eine jederzeit garantierte Vergleichbarkeit der Leistungen im Sinne *Simmels*, die diese Kultur der allgegenwärtigen Konkurrenz zwingend erforderte, setzt auch die Erstreckung des Konsenses auf Arten und Ordnung der Darstellung dieser Leistungen vor den Augen der „dritten Instanz" voraus. Alle Rituale und sonstigen Praktiken der Selbstdarstellung mußten daher ebenfalls geregelt sein, nämlich bestimmten, überall wiedererkennbaren Mustern folgen: Gerade dadurch wurde ja erst die notwendige Vergleichbarkeit der dargestellten Leistungen hergestellt, die zugleich auf der schlichten „Zählbarkeit" der gesammelten *honores* und auf ihrer ebenfalls unstrittig feststehenden relativen Gewichtung beruhte: Consulate und Censuren galten mehr als Praeturen, und ein Triumph war immer besonders wertvoll. Mit der Notwendigkeit der Vergleichbarkeit erklärt sich die (An-)Ordnung der genannten einzelnen Elemente der *pompa funebris* ebenso wie derjenigen des Rituals des Triumphes und anderer Prozessionen: Sie alle bestehen aus den immer gleichen Elementen und Versatzstücken, die zwar variierbar genug waren, um Raum zu lassen für Varianten, Akzentsetzungen, Hervorhebungen und vor allem auch Steigerungen – jedoch selbst die Agonalität der aristokratischen Konkurrenz mit der ihr eigentümlichen Spirale der Steigerungen bis hin zu einer sich geradezu potenzierenden Opulenz durfte den Rahmen des Wiedererkennbaren und daher Vergleichbaren nicht völlig sprengen. Das galt auch und gerade für die spektakulären Triumphe eines Pompeius, eines Caesar und eines Octavian.[26] Denn auch noch in der Übersteigerung blieb der Vergleich das Elixier der Konkurrenz.

---

[25] *Bourdieu*, Sozialer Sinn, 218.
[26] S. etwa Vell. Pat. 2, 40, 3; App. *Mithridatheios* 116, 568–117, 578; Plut. *Pompeius* 45, 1 ff.; Eutrop. 6, 16 etc. (zu Pompeius' Triumph im Jahre 61 v. Chr.); Vell. Pat. 2, 56, 2; App. *bella civilia* 2, 101, 418–102, 422; Suet. *Divus Iulius* 37; Plut. *Caesar* 55, 2 ff.; Cassius Dio 43, 19, 1 ff. etc. (zu Caesars fünf Triumphen, von denen vier dicht aufeinander folgten); Cassius Dio 51, 21, 5 ff. etc. (zu Octavians dreifachem Triumph). Die vollständigen Belege finden sich bei Inscr. It. XIII 1, 566 f., 570. Vgl. dazu demnächst *Itgenshorst, Tota illa pompa*.

IX. Zusammenfassung:
Eine neue Alte Geschichte und ihre Aktualität

Als *Fergus Millar* rhetorisch wirkungsvoll zum Generalangriff auf eine alte, starre „Orthodoxie" blies, hatte ein „Paradigmenwechsel" in der internationalen und endlich auch der deutschen Althistorie längst begonnen, der nicht nur die wissenschaftliche Beschäftigung mit der Geschichte der römischen Republik erfaßte und der auch längst noch nicht als abgeschlossen gelten kann – das erste Defizit von *Millars* Ausgangsposition besteht also darin, weder die längst vorliegenden konkreten Revisionsbemühungen angemessen gewürdigt noch die weit darüber hinausweisenden prinzipiellen Implikationen wirklich thematisiert zu haben. In einem weitreichenden Wandlungsprozeß wurden nicht nur neue Kategorien und Konzepte, neue Muster und Modelle der Analyse und Erklärung von politischen und gesellschaftlichen Strukturen der *libera res publica* vom 4. Jahrhundert v. Chr. bis zum Beginn des Principats gesucht, die an sich eigentlich als bekannt und gegeben vorausgesetzt wurden und lediglich in neuem Licht gesehen werden sollten. Die Althistorie hatte darüber hinaus auch bereits begonnen, aus dem Ghetto ihrer traditionellen fachlichen Fixierungen auszubrechen: Sie ließ das enge, tendenziell ahistorische Verständnis von „Recht" und „Verfassung" nach und nach ebenso hinter sich wie die antiquarische Ausrichtung auf die sattsam bekannten „traités-et-batailles" oder „Haupt- und Staatsaktionen" der „großen Männer" von Camillus bis Caesar. Zugleich begann sie, sich von der (damit verbundenen) methodisch einseitigen Orientierung auf eine konservative Klassische Philologie zu lösen. Unter dem Eindruck der Diskussionen in den historischen Nachbardisziplinen – nicht nur über Gesellschafts-, Struktur- und später Kulturgeschichte, sondern auch über ganz neue Themen, Theorien und Methoden, Darstellungsformen und Erkenntnisziele – bemüht sich nun auch die Althistorie mehr und mehr um eine Erneuerung des Faches selbst, also eine neue Formulierung spezifisch historischer Fragen und Probleme einerseits und um eine interdisziplinäre Erweiterung und Neupositionierung im Rahmen der historischen wie altertumswissenschaftlichen Nachbardisziplinen andererseits.

Zunächst waren es sicherlich die erwähnten Diskussionen in den Geschichtswissenschaften, die zunehmend sichtbare Spuren hinterließen – die großen Einzelgänger wie *Alfred Heuss* waren mindestens seit den siebziger Jahren nicht mehr ganz allein: Noch 1965 hatte dieser durchaus zu Recht beklagt, daß etwa das Werk *Max Webers* und der darin beschlossene Reichtum an theoretischen und methodischen Anregungen für eine moderne Sozial- und Wirtschaftsgeschichte des Altertums so gut wie überhaupt nicht zur Kenntnis genommen worden waren[1] – ein Jahrzehnt später begann sich das zu ändern, als etwa *Webers* Konzept der „okzidentalen" (nicht nur antiken) Stadt durch *Moses Finley* aufgenommen und weitergeführt wurde[2]. Damit setzte – wenn auch zunächst noch zögerlich – ein Prozeß ein, der von neugieriger Kenntnisnahme zu einer vorsichtigen Annäherung und schließlich wenigstens gelegentlich zu einer pragmatisch-empirischen Nutzung einzelner *Weberscher* Begriffe und Kategorien führte.[3] Ob hier in Zukunft noch mehr zu erwarten ist und ob *Webers* Oeuvre tatsächlich noch ungenutzte Möglichkeiten und Ansätze für eine fruchtbare forschungspraktische Anwendung enthält, kann hier dahingestellt bleiben – diese Frage verdient ohnehin eine eigene, wiederum ideen- und forschungsgeschichtlich fundierte Analyse. Jedenfalls ist die auch schon vor zwei Jahrzehnten begonnene grundsätzliche Debatte über das Potential des *Weberschen* Werkes für eine Erneuerung der Disziplin bzw. eine Erweiterung ihrer Horizonte durch „idealtypische" Kategorien- und Modellbildung, durch interkulturelle und interepochale Vergleiche bis heute nicht abgeschlossen.[4] Zumindest bisher scheint mir diese Debatte die derzeitige Diskussion über die römische „Stadt(-staatlichkeit)" und ihre politische Kultur allenfalls indirekt beeinflußt zu haben.

---

[1] *Heuss*, Max Webers Bedeutung, 538 und 554 (= ders., Gesammelte Schriften III, 1844 und 1860).

[2] *Moses I. Finley*, The Ancient City, 305 ff. (= ders., Economy, 3 ff.); *ders.*, Max Weber, 90 ff. Vgl. auch *Deininger*, Antike Stadt, 269 ff.; *Nippel*, Introductory Remarks, 19–30; *ders.*, Einleitung, 1 ff., sowie die Beiträge in *Meier* (Hrsg.), Die Okzidentale Stadt nach Max Weber, und *Bruhns/Nippel* (Hrsg.), Max Weber und die Stadt im Kulturvergleich.

[3] Vgl. etwa *Dahlheim*, Gewalt, 4 f. (zur Operationalisierung von *Webers* Konzept der „Herrschaft"). Der Versuch von *Hatscher*, Charisma, leidet nicht nur daran, daß wesentliche Dimensionen der neueren Forschung zur Republik überhaupt nicht wahrgenommen werden, sondern auch daran, daß *Webers* Charisma-Konzept nur bedingt tauglich für (neue, tatsächlich weiterführende) Analysen des „Herrschaftsanspruchs der Nobilität" (70 ff.) und der Karrieren Sullas und Caesars (106 ff., 162 ff.) zu sein scheint.

[4] Vgl. dazu die Literatur in Anm. 2 sowie insbesondere *Nippel*, Kulturbedeutung, 112 ff.; *ders.*, Einleitung, 15 ff. und passim; *ders.*, History, 240 ff., mit weiteren Nachweisen. S. auch *Breuer*, Max Weber, 174 ff.

Seit der Mitte der siebziger Jahre wuchs nun auch unter den anderen (deutschen) Historikern des griechisch-römischen Altertums die Bereitschaft, über allgemeine Grundprobleme der Geschichtswissenschaft zu reflektieren – etwa über das ewige Spannungsverhältnis zwischen „Ereignissen", „Strukturen" und „Prozessen", zwischen Entscheidungs- und Gestaltungshandeln historischer Akteure und den (nicht verfügbaren) Bedingungen und Grenzen ihres Handelns, zwischen Stabilität und Kontinuität einerseits und Dynamik und Wandel andererseits. Ein Beleg dafür ist etwa die frühe Debatte über Art, Charakter und Begriff des römischen „Imperialismus", die bald neue, grundsätzliche Fragen nach den Voraussetzungen, Bedingungen und Impulsen der römischen Expansion insgesamt nach sich zog.[5] Schließlich ging (und geht es immer noch) um die Frage nach der dynamischen Verflechtung zwischen Herrschaft und Integration, imperialer Hegemonie und stadtstaatlicher Struktur, „Extensivierung", Krise und Desintegration, die wegen ihrer Komplexität neue Probleme der Konzeptualisierung und Darstellung bzw. Darstellbarkeit aufwirft – doch das ist wiederum ein weites Feld, und auch hier ist eine internationale Diskussion entstanden, die bald über die zaghafte Kritik an Konzepten und Begriffen hinauswies und die ebenfalls noch nicht abgeschlossen ist. Immerhin sind die räumliche Dimension der (antiken wie mittelalterlichen) „Stadtstaaten" respektive die „Territorialität" als fundamentaler Aspekt der „Stadtstaatlichkeit"[6] sowie das unaufhebbare Spannungsverhältnis zwischen Kleinräumigkeit, hegemonialer oder gar imperialer Herrschaft und ihrer Organisation auch bereits systematisch und vergleichend thematisiert worden.[7]

*

Bei der Frage nach der inneren „Architektur" der *res publica* ging es bald auch nicht mehr nur um die bloße Überwindung einer allfälligen

---

[5] Vgl. etwa *Werner*, Problem, 501 ff., und *Hampl*, Problem, 48 ff. Grundlegend bleibt *Harris*, War and Imperialism; vgl. dazu die in Kap. VI, Anm. 22 angegebene Literatur sowie *Harris*, Directions, 13 ff. Anregend ist auch immer noch *Brunt*, Reflections, 267–288 (= ders., Imperial Themes, 110–133), sowie neuerdings die Beiträge in *Webster/Cooper* (Eds.), Roman Imperialism.

[6] Vgl. *Hölscher*, Öffentliche Räume, und die übrige Literatur in Kap. V, Anm. 37.

[7] Vgl. *Raaflaub*, Expansion, 511 ff.; *ders.*, City-State, 565 ff.; *Chittolini*, Italian City-State, jeweils mit weiteren Nachweisen, sowie dazu die Kommentare von *Hartmut Galsterer* und *Anthony Molho*, in: Molho/Raaflaub/Emlen (Eds.), City-States, 619–626 und 627–639. S. zur Sache auch *Dahlheim*, Gewalt, passim; *Schulz*, Herrschaft, 289 ff. u. ö.

sterilen Erstarrung, für die eine auf Faktionen und dynastische Verbindungen fixierte kurzschlüssige Prosopographie, in der sich die republikanische Geschichte als „Geschichte der herrschenden Klasse" erschöpft zu haben schien, leicht und folgenlos verantwortlich zu machen war. Eigentlich begannen schon mit *Matthias Gelzer* die Versuche einer inhaltlich und begrifflich genauen Bestimmung der gesamten Breite der gesellschaftlichen Beziehungen, in die Politik, politische Institutionen und das Handeln in ihnen eingebettet waren. Mit seinem Programm einer „politischen Grammatik" der Republik brachte *Christian Meier* die diesbezüglichen verstreuten Überlegungen und schüchternen Ansätze erstmals auf einen eingängigen Begriff, der sich als solcher allerdings nicht recht durchgesetzt hat – aber die Sache, die er bezeichnen sollte, war damit als Aufgabe sui generis definiert und geradezu als moderne Herausforderung formuliert: Von nun an ging es um eine wirkliche, also umfassend angelegte „Strukturgeschichte" jenseits der traditionellen doppelten Einengung durch eine überholte „Verfassungsgeschichte" einerseits und durch die ebenfalls längst angestaubten „orthodoxen" Dogmen bezüglich einer von selbst stabilen, in sich ruhenden Adelsrepublik und ihrer *arcana imperii* andererseits.

In der Folgezeit wurden dann nicht nur die allgemeinen Anregungen aus den erwähnten Theoriedebatten der Geschichtswissenschaften wirksam, sondern auch die ebenso wichtigen, ganz konkreten Impulse aus den altertumswissenschaftlichen Nachbardisziplinen: Eine moderne Klassische Archäologie, die Monumente, Bilder und ihre Botschaften in ihren soziokulturellen Kontexten und Wirkungen zu verstehen begann, entwickelte sich ja gerade an der Repräsentationskunst, der Architektur und der urbanistischen Entwicklung des mittel- und spätrepublikanischen bzw. frühkaiserzeitlichen Rom – und genau damit erschloß sie einer gesellschaftsgeschichtlich interessierten und kulturhistorisch gewendeten Althistorie nicht nur ganz neue, eben auch historisch zu verstehende und auszuwertende Quellengattungen, sondern gleichzeitig auch die methodischen Ansätze, sie als Zeugnisse im Sinne einer neuen Strukturgeschichte zu „lesen".

Zuletzt gesellte sich auch eine sich ebenfalls erneuernde Klassische Philologie hinzu, die ihre angestammte Domäne der literarischen Texte unter Leitmotiven wie „(Kon-)Text", „Kommunikation" und „Kultur" neu definierte – und sich dabei ihrerseits für die lebensweltliche Verortung von „Literatur" und die gesellschaftlichen wie intellektuellen Bedingungen literarischer Produktion zu interessieren begann.[8] Vor allem unter dem Einfluß der englischen und amerikanischen „Classics", die ja die hierzulande traditionell tief eingerasteten Fachgrenzen gar nicht kannten, könnten sich hier weitere Chancen und Potentiale einer neuen Interdisziplinarität ergeben – selbst wenn sich die erwähnten „Classics" mittlerweile (leider) teilweise auf poststrukturalistische bzw. postmoderne Um-, Ab- und Irrwege begeben haben.[9]

Gegen die Zumutungen dieser modischen Theorien haben sich die Geschichtswissenschaften bislang als wesentlich resistenter erwiesen[10] – hier stellt sich sogar das hergebrachte konservative Beharrungsvermögen der Althistorie wenigstens einmal als Vorteil dar. Im konkreten Fall kann der Gefahr postmoderner Beliebigkeit vor allem durch das offensive Vertreten eines historisch-politikwissenschaftlich fundierten Konzeptes der „politischen Kultur" begegnet werden, unter dessen Dach die verschiedenen oben dargelegten Zugänge und methodischen Ansätze, Daten und ihre Deutungen kontrolliert und fruchtbar in einen neuen, differenzierten Zusammenhang gebracht werden können: Im Mittelpunkt stehen hier die „Inhalts-" und „Ausdrucksseite" von Politik und politischen Ordnungen und vor allem ihre spezifische Verschränkung, die formalen und sozialen, ideologischen und symbolischen Ebenen und wiederum ihr Aufeinanderbezogensein – dabei könnten auch moderne institutionen- und systemtheoretische Modelle[11] einerseits und systematisch-komparative Ansätze auf den verschiedenen Ebenen des Vergleichs zwischen äquivalenten Global- und Partikularstrukturen verschiedener (politischer) Kulturen in verschiedenen (insbesondere vor-

---

[8] Vgl. als Beispiele einige Titel, die auch für eine historische Analyse der politischen Kultur besonders relevant sind: *Classen*, Recht – Rhetorik – Politik; *Vasaly*, Representations; *May*, Ciceronian Oratory; *Cape*, Consular Speeches; *Riggsby, Post Reditum* Speeches; *Wiseman*, Catullus; *Miles*, Livy, passim; *Jaeger*, Livy's Written Rome; *Edwards*, Writing Rome; *Feldherr*, Spectacle; *Chaplin*, Livy's Exemplary History; *Mutschler*, Norm und Erinnerung; *Rüpke*, Räume, 31 ff., mit weiteren Nachweisen.

[9] Vgl. als Beispiel den (nur scheinbar einschlägigen) Titel von *Henderson*, Figuring Out Roman Nobility.

[10] Vgl. dazu die souveränen Überblicke von *Daniel*, Clio unter Kulturschock II, 259 ff.; *dies.*, Kompendium Kulturgeschichte, 120 ff. (zum [Post-]Strukturalismus) bzw. 167 ff. (zur Postmoderne), dort auch weitere Literatur. S. danach auch, aus durchaus unterschiedlicher Perspektive, *Evans*, Fakten und Fiktionen; *Flaig*, Kinderkrankheiten, 458 ff.

[11] Vgl. dazu einstweilen *Hölkeskamp*, Institutionalisierung, 82 ff., mit der Literatur.

modernen) Epochen[12] hilfreich sein. Von einer sorgfältigen theoretischen Begründung eines solchen umfassenden Konzepts einer „politischen Kultur" und seiner systematischen empirischen Erprobung bzw. Umsetzung im Rahmen einer interdisziplinären Forschungspraxis darf man sich – wie der oben erst angedeutete Entwurf vielleicht hoffen läßt – eine heilsame integrierende und (dadurch zugleich) disziplinierende Wirkung erwarten.

Nicht zuletzt hier liegt eine wichtige Aufgabe der modernen Althistorie, die sich (wieder) der Geschichte der römischen Republik zugewandt hat. In den letzten Jahren sind ja erst die Grundlinien dieser eigentümlich komplexen politischen Kultur beschrieben worden – eine umfassende Gesamtdarstellung steht dagegen noch aus. Immerhin lassen sich einige wichtige Koordinaten bzw. Dimensionen namhaft machen: Da ist zunächst jene besondere Kombination – oder genauer: Komplementarität – des allgegenwärtigen Systemprinzips der steilen Hierarchie einerseits und des auffälligen Grades der gesellschaftlichen Homogenität und Kohärenz andererseits, die erst einmal analysiert und erklärt sein will. Denn naheliegend oder gar selbstverständlich ist diese Kombination eben gerade nicht: Hierarchie und Herrschaft, Macht und ihre Ausübung von oben nach unten spiegelten sich nicht nur im Gefälle von *populus Romanus*, „Bundesgenossen und Freunden" und Untertanen in den Provinzen wider, sondern sie durchdrangen auch die Gesellschaft(en) Roms, Italiens und des Imperiums selbst, und sie strukturierten sogar ganz direkt und ungebrochen alle politischen Institutionen und Verfahren und waren selbst noch in den Mythen, Legenden und Ideologien präsent – anders gesagt: Es gab keine Institution, die „bürgerliche" Gleichberechtigung wenigstens *in politicis* hätte herstellen können oder gar sollen, und es gab noch nicht einmal eine Idee, die in Gleichheit einen Wert gesehen hätte. Wie konnten da Akzeptanz und Zustimmung – als notwendige Bedingungen der Unterordnung und des Gehorsams und damit des Funktionierens dieses Systems – in einem so hohen Grade hergestellt werden, daß sie in die erwähnte, sich geradezu selbst stabilisierende „monistische" Kohärenz umschlugen?

Ein konstitutiver Faktor war sicherlich jenes ebenso dichte wie feste Netz der Strukturen und Mechanismen, das die erwähnte vertikale wie

---

[12] Vgl. zu vergleichenden Ansätzen generell *Haupt/Kocka*, Historischer Vergleich, mit weiteren Nachweisen. Der althistorische Beitrag in *Haupt/Kocka* (Hrsg.) Geschichte und Vergleich (*Meier*, Bedarf) geht auf dieses Feld allerdings allenfalls indirekt ein.

horizontale Integration von Ständen, Gruppen und Individuen garantierte, reproduzierte und sanktionierte – als solches, als Struktur, zerriß dieses Netz ja nicht einmal in der Krise der Republik und überdauerte sogar ihren Untergang. Eine weitere Grundlage dieser Komplementarität bestand darin, daß die Kohärenz durch Konsens begründet und kontinuierlich bestätigt wurde, und zwar durch die besonders sorgfältige, permanente und vielgestaltige Pflege dieses Konsenses durch eine „politische Klasse", die an der Spitze aller Hierarchien stand: Ihre Identität als „Meritokratie" wurde durch ein reiches Repertoire von Ritualen und sonstigen symbolischen Formen der (Selbst-)Repräsentation reproduziert und geradezu immer neu konstruiert, die der Sichtbarmachung und damit dem Einsatz des kulturspezifischen „symbolischen Kapitals" als „Kredit" dienten.

Diese Sichtbarmachung bzw. Sichtbarkeit ist durchaus wörtlich zu nehmen; denn die erwähnten Formen brauchten durchweg notwendig eine Verortung in den öffentlichen Räumen einer stadtstaatlichen Kultur – und auch das ist im Wortsinne zu verstehen. Denn diese Räume waren als die „Foren" (diesmal im doppelten Sinne des Begriffs) einer besonders dichten Kommunikation und direkten Interaktion ihrerseits unverzichtbare und unverwechselbare Bestandteile der typischen politisch-sakralen Topographie der „Stadtstaatlichkeit": Die charakteristische Unmittelbarkeit und sinnliche Erfahrbarkeit aller Verfahren, Rituale und Zeremonien auch für die nur passiv Teilnehmenden gehörte in einer solchen „Kultur des unmittelbaren Handelns", wie *Tonio Hölscher* sie ja definiert hat[13], letztlich selbst zum Repertoire der Konsensproduktion.

Eine weitere Stütze der sozialen Kohärenz des *populus Romanus* und seiner politischen Klasse bestand in einer anderen Facette der hier (re-)produzierten spezifischen Form eines Konsenses. Dieser Konsens entschärfte nämlich die allfällige, scharfe und potentiell zentrifugal wirkende Konkurrenz innerhalb der politischen Klasse um die Positionierung ihrer einzelnen Mitglieder und ihrer jeweiligen Familien in der ihr eigenen inhärenten Hierarchie – und zwar nicht nur durch bloße Einhegung, etwa mittels sanktionsbewehrter Regeln, Ge- und Verbote. Hier wird die Konkurrenz sogar zum integralen, den Konsens permanent bestätigenden Bestandteil desselben – eine neue Lektüre der einschlägigen Arbeiten von *Georg Simmel* könnte da noch zur weiteren Verfeinerung einer trennscharfen Begrifflichkeit beitragen: Die forschungspraktische

---

13 Vgl. dazu oben Kap. V mit Anm. 37.

Anwendung seiner brillanten idealtypischen Konzeption des sozialen Phänomens der „Konkurrenz" ist nur ein Beispiel für die hier zu vermutenden Chancen und Potentiale. Auch daher lohnt sich eine Fortsetzung der Diskussion.

Schon jetzt aber hat die Debatte des vergangenen Jahrzehnts eine wichtige Einsicht gebracht – und darüber kann man sich jenseits aller Kritik mit *Fergus Millar* einig sein[14]: Die internationale Diskussion über Voraussetzungen, Bedingungen und Charakter von (römisch-republikanischer) „Politik" überhaupt ist ein glanzvoller Beweis der Modernität und Vitalität der Althistorie als Disziplin zu Beginn eines neuen Jahrhunderts.

---

[14] *Guy M. Rogers*, Polybius was Right, in: Millar, Rome, XVI; vgl. *Millar*, Author's Prologue, in: ebd. 6 ff., 18 ff. Das ist auch eine Botschaft in *Norths* Introduction zur Festschrift für Millar.

Abkürzungen

AAntHung	Acta Antiqua Academiae Scientiarum Hungaricae
A & A	Antike und Abendland
ABG	Archiv für Begriffsgeschichte
AJPh	American Journal of Philology
AKG	Archiv für Kulturgeschichte
ANRW	Aufstieg und Niedergang der römischen Welt
BCAR	Bulletino della Commissione Archaeologica Comunale di Roma
BJS	British Journal of Sociology
CA	Classical Antiquity
CAH VII/2	The Cambridge Ancient History. Second Ed. Vol. VII/2: The Rise of Rome to 220 B.C. Cambridge 1989
CAH VIII	The Cambridge Ancient History. Second Ed. Vol. VIII: Rome and the Mediterranean to 133 B.C. Cambridge 1989
CAH IX	The Cambridge Ancient History. Second Ed. Vol. IX: The Last Age of the Roman Republic. Cambridge 1994
CIL	Corpus Inscriptionum Latinarum. Editio altera. Berlin 1893 ff.
CPh	Classical Philology
CQ NS.	Classical Quarterly, New Series
CR	Classical Review
CSSH	Comparative Studies in Society and History
DdA	Dialoghi di Archeologia
EWE	Erwägen – Wissen – Ethik (Deliberation – Knowledge – Ethics), vormals Ethik und Sozialwissenschaft (EuS). Streitforum für Erwägungskultur
GG	Geschichte und Gesellschaft
GGA	Göttingische Gelehrte Anzeigen
GPD	Geschichte, Politik und ihre Didaktik
G & R	Greece and Rome
GWU	Geschichte in Wissenschaft und Unterricht
HA	Historische Anthropologie
HZ	Historische Zeitschrift
IJCT	International Journal of the Classical Tradition
ILLRP	*Atilio Degrassi* (Ed.), Inscriptiones Latinae liberae rei publicae. 2. Aufl. Florenz 1965

ILS	*Hermann Dessau*, Inscriptiones Latinae Selectae. Berlin 1892 ff.
Inscr. It.	*Atilio Degrassi* (Ed.), Inscriptiones Italiae. Vol. XIII/1. Rom 1947
JDAI	Jahrbuch des Deutschen Archäologischen Instituts
JRA	Journal of Roman Archaeology
JRS	Journal of Roman Studies
KZSS	Kölner Zeitschrift für Soziologie und Sozialpsychologie
LPPR	*Giovanni Rotondi*, Leges publicae populi Romani. Mailand 1912, Ndr. Hildesheim 1962
LTUR	Lexicon Topographicum Urbis Romae. Ed. by *Eva Margareta Steinby*. Rom 1993–2000
MDAI(R)	Mitteilungen des Deutschen Archäologischen Instituts – Römische Abteilung
MH	Museum Helveticum
PCPhS	Proceedings of the Cambridge Philological Society
P & P	Past and Present
QS	Quaderni di Storia
RAC	Reallexikon für Antike und Christentum. Stuttgart 1950 ff.
RArch	Revue archéologique
RE	Paulys Real-Encyclopädie der classischen Altertumswissenschaft. Hrsg. v. *Georg Wissowa, Wilhelm Kroll* u. a. Stuttgart 1893 ff.
REL	Revue des Études Latines
RJ	Rechtshistorisches Journal
SBWGF	Sitzungsberichte der Wissenschaftlichen Gesellschaft an der Universität Frankfurt am Main
SCI	Scripta Classica Israelica
SIFC	Studi italiani di filologia classica
Skutsch	*Otto Skutsch*, The *Annals* of Quintus Ennius. Oxford 1985
Stangl	Ciceronis orationum Scholiastae. Recensuit *Thomas Stangl*. Wien 1912, Ndr. Hildesheim 1964
TAPhA	Transactions of the American Philological Association
TRG	Tijdschrift voor Rechtsgeschiedenis
ZHF	Zeitschrift für Historische Forschung
ZPE	Zeitschrift für Papyrologie und Epigraphik
ZRG RA	Zeitschrift der Savigny-Stiftung für Rechtsgeschichte, Romanistische Abteilung

Literatur

Karl Acham, Struktur, Funktion und Genese von Institutionen aus sozialwissenschaftlicher Sicht, in: Melville (Hrsg.), Institutionen und Geschichte, 25–71.

Andreas Alföldi, Das frühe Rom und die Latiner. Darmstadt 1977 (zuerst engl. 1965).

Géza Alföldy, Die römische Gesellschaft – Struktur und Eigenart, in: Gymnasium 83, 1976, 1–25 (= ders., Ausgewählte Beiträge, 42–68, mit Nachträgen).

–, Die Stellung der Ritter in der Führungsschicht des Imperium Romanum, in: Chiron 11, 1981, 169–215 (= ders., Ausgewählte Beiträge, 162–209, mit Nachträgen).

–, Individualität und Kollektivnorm in der Epigraphik des römischen Senatorenstandes, in: Epigrafia e ordine senatorio I, 1982 (= ders., Ausgewählte Beiträge, 378–392).

–, Die römische Gesellschaft: Eine Nachbetrachtung über Struktur und Eigenart, in: ders., Ausgewählte Beiträge, 69–81.

–, Die römische Gesellschaft. Ausgewählte Beiträge. Stuttgart 1986.

–, *Pietas immobilis erga principem* und ihr Lohn: Öffentliche Ehrenmonumente von Senatoren in Rom während der frühen und hohen Kaiserzeit, in: ders./Silvio Panciera (Hrsg.), Inschriftliche Denkmäler als Medien der Selbstdarstellung in der römischen Welt. Stuttgart 2001, 11–46.

Gerd Althoff, Spielregeln der Politik im Mittelalter. Kommunikation in Frieden und Fehde. Darmstadt 1997.

–, Rituale – symbolische Kommunikation. Zu einem neuen Feld der historischen Mittelalterforschung, in: GWU 50, 1999, 140–154.

–, Die Macht der Rituale. Symbolik und Herrschaft im Mittelalter. Darmstadt 2003.

Architecture et société de l'archaïsme grec à la fin de la République romaine. Rom 1983.

Jan Assmann, Das kulturelle Gedächtnis. Schrift, Erinnerung und politische Identität in frühen Hochkulturen. München 1992 u.ö.

–, Religion und kulturelles Gedächtnis. München 2000.

Jan Assmann/Tonio Hölscher (Hrsg.), Kultur und Gedächtnis. Frankfurt am Main 1988.

Alan E. Astin, Roman Government and Politics, in: CAH VIII, 163–196.

Ernst Badian, Foreign Clientelae (264–70 B.C.). Oxford 1958.

–, The Consuls, 179–49 B.C., in: Chiron 20, 1990, 371–413.

–, *Tribuni Plebis* and *Res Publica*, in: Linderski (Ed.), *Imperium*, 187–213.

Carlin A. Barton, Roman Honor. The Fire in the Bones. Berkeley 2001.

Mary Beard, The Triumph of the Absurd: Roman Street Theatre, in: Edwards/Woolf (Eds.), Rome, 21–43.

Mary Beard/Michael Crawford, Rome in the Late Republic. Problems and Interpretations. London 1985.

Hans Beck, „Den Ruhm nicht teilen wollen". Fabius Pictor und die Anfänge des römischen Nobilitätsdiskurses, in: Eigler u. a. (Hrsg.), Formen, 73–92.

–, Karriere und Hierarchie. Eine Studie zur römischen Aristokratie in der mittleren Republik. Habilitationsschrift Köln 2003.

Frank Behne, Volkssouveränität und verfassungsrechtliche Systematik. Beobachtungen zur Struktur des Römischen Staatsrechtes von Theodor Mommsen, in: Spielvogel (Hrsg.), Res publica reperta, 124–136.

Andrew J.E. Bell, Cicero and the Spectacle of Power, in: JRS 87, 1997, 1–22.

Christa Belting-Ihm, Art. „Imagines Maiorum", in: RAC 17, 1996, 995–1016.

Peter L. Berger/Thomas Luckmann, Die gesellschaftliche Konstruktion der Wirklichkeit. Eine Theorie der Wissenssoziologie. Frankfurt am Main 1980 (zuerst engl. 1966).

Bettina Bergmann/Christina Kondoleon, Introduction: The Art of Ancient Spectacle, in: dies. (Eds.), Art of Ancient Spectacle, 9–35.

Bettina Bergmann/Christina Kondoleon (Eds.), The Art of Ancient Spectacle. New Haven 1999.

Frank Bernstein, Ludi publici. Untersuchungen zur Entstehung und Entwicklung der öffentlichen Spiele im republikanischen Rom. Stuttgart 1998.

Maurizio Bettini, Mos, *mores* und *mos maiorum*: Die Erfindung der „Sittlichkeit" in der römischen Kultur, in: Linke/Stemmler (Hrsg.), *Mos maiorum*, 303–352.

Reinhard Blänkner/Bernhard Jussen, Institutionen und Ereignis. Anfragen an zwei alt gewordene geschichtswissenschaftliche Kategorien, in: dies. (Hrsg.), Institutionen und Ereignis, 9–16.

Reinhard Blänkner/Bernhard Jussen (Hrsg.), Institutionen und Ereignis.

Über historische Praktiken und Vorstellungen gesellschaftlichen Ordnens. Göttingen 1998.

Bruno Bleckmann, Die römische Nobilität im Ersten Punischen Krieg. Untersuchungen zur aristokratischen Konkurrenz in der Republik. Berlin 2002.

Jochen Bleicken, Das Volkstribunat der klassischen Republik. Studien zu seiner Entwicklung zwischen 287 und 133 v. Chr. München 1968.

–, Der Begriff der Freiheit in der letzten Phase der römischen Republik, in: HZ 195, 1962, 1–20 (= ders., Gesammelte Schriften II, 663–682).

–, Staatliche Ordnung und Freiheit in der römischen Republik. Kallmünz 1972 (= ders., Gesammelte Schriften I, 185–280).

–, Lex publica. Gesetz und Recht in der römischen Republik. Berlin u. a. 1975.

–, Art. „Freiheit II.2: Römische libertas", in: Geschichtliche Grundbegriffe 2, 1976, 430–435 (= ders., Gesammelte Schriften I, 156–161).

–, Staat und Recht in der römischen Republik, in: SBWGF 15/4, 1978, 143–162 (= ders., Gesammelte Schriften I, 281–300).

–, Das römische Volkstribunat. Versuch einer Analyse seiner politischen Funktion in republikanischer Zeit, in: Chiron 11, 1981, 87–108 (= ders., Gesammelte Schriften I, 484–505).

–, Die Nobilität der römischen Republik, in: Gymnasium 88, 1981, 236–253 (= ders., Gesammelte Schriften I, 466–483).

–, Die athenische Demokratie. 2. Aufl. Paderborn 1994.

–, Die Verfassung der römischen Republik. Paderborn 1975, 7. völlig überarb. u. erw. Aufl. Paderborn 1995.

–, Im Schatten Mommsens, in: RJ 15, 1996, 3–27 (= ders., Gesammelte Schriften I, 526–550).

–, Gesammelte Schriften. 2 Bde. Hrsg. v. Frank Goldmann, Markus Merl, Markus Sehlmeyer u. Uwe Walter. Stuttgart 1998.

Jochen Bleicken/Christian Meier/Hermann Strasburger, Matthias Gelzer und die römische Geschichte. Kallmünz 1977.

Wolfgang Blösel, Die Geschichte des Begriffes *mos maiorum* von den Anfängen bis zu Cicero, in: Linke/Stemmler (Hrsg.), *Mos maiorum*, 25–97

–, Die *memoria* der *gentes* als Rückgrat der kollektiven Erinnerung im republikanischen Rom, in: Eigler u. a. (Hrsg.), Formen, 53–72.

John Bodel, Death on Display: Looking at Roman Funerals, in: Bergmann/Kondoleon (Eds.), Art of Ancient Spectacle, 259–281.

Hans Erich Bödeker (Hrsg.), Begriffsgeschichte, Diskursgeschichte, Metapherngeschichte. Göttingen 2002.

Marianne Bonnefond-Coudry, Le Sénat de la République romaine de la guerre d'Hannibal à Auguste. Rom 1989.

Adolf H. Borbein/Tonio Hölscher/Paul Zanker, Klassische Archäologie. Eine Einführung. Berlin 2000.

Pierre Bourdieu, Ökonomisches Kapital, kulturelles Kapital, soziales Kapital, in: Reinhard Kreckel (Hrsg.), Soziale Ungleichheiten. (Soziale Welt, Sonderbd. 2.) Göttingen 1983, 183–198.

–, Sozialer Sinn. Kritik der theoretischen Vernunft. Frankfurt am Main 1993 (zuerst Paris 1980).

Maximilian Braun/Andreas Haltenhoff/Fritz-Heiner Mutschler (Hrsg.), *Moribus antiquis res stat romana*. Römische Werte und römische Literatur im 3. und 2. Jh. v. Chr. München etc. 2000.

David Braund, Function and Dysfunction: Personal Patronage in Roman Imperialism, in: Wallace-Hadrill (Ed.), Patronage, 137–152.

Stefan Breuer, Max Weber und die evolutionäre Bedeutung der Antike, in: Saeculum 33, 1982, 174–192.

Richard Brilliant, „Let the Trumpets Roar!" The Roman Triumph, in: Bergmann/Kondoleon (Eds.), Art of Ancient Spectacle, 221–229.

T. Robert S. Broughton, The Magistrates of the Roman Republic. 2 Vols. New York 1951/52.

Hinnerk Bruhns/Wilfried Nippel (Hrsg.), Max Weber und die Stadt im Kulturvergleich. Göttingen 2000.

Otto Brunner, Land und Herrschaft. Grundfragen der territorialen Verfassungsgeschichte Österreichs im Mittelalter. 4. Aufl. Wien 1959.

Peter A. Brunt, Reflections on British and Roman Imperialism, in: CSSH 7, 1964–65, 267–288 (= ders., Imperial Themes, 110–133).

–, *Laus Imperii*, in: Peter D. A. Garnsey/Ch. Richard Whittaker (Eds.), Imperialism in the Ancient World. Cambridge 1978, 159–191 (= ders., Imperial Themes, 288–323, mit Ergänzungen 506 ff.).

–, The Fall of the Roman Republic and Related Essays. Oxford 1988.

–, Roman Imperial Themes. Oxford 1990.

Leonhard A. Burckhardt, The Political Elite of the Roman Republic: Comments on Recent Discussion of the Concepts *nobilitas* and *homo novus*, in: Historia 39, 1990, 77–99.

Peter Burke, City-States, in: John A. Hall (Ed.), States in History. Oxford 1986, 137–153.

–, Eleganz und Haltung. Berlin 1998 (zuerst engl. 1997).

Dietrich Busse, Historische Semantik. Analyse eines Programms. Stuttgart 1987.

Hubert Cancik, Rome as a Sacral Landscape. Varro and the End of Republican Religion in Rome, in: Visible Religion 4/5, 1985/86, 250–265.

David Cannadine/Simon Price (Eds.), Rituals of Royalty. Power and Ceremonial in Traditional Societies. Cambridge 1992.

Robert W. Cape, Jr., Cicero's Consular Speeches, in: May (Ed.), Companion, 113–158.

Jane D. Chaplin, Livy's Exemplary History. Oxford 2000.

Roger Chartier, Die unvollendete Vergangenheit. Geschichte und die Macht der Weltauslegung. Frankfurt am Main 1992 (zuerst franz. 1989).

Giorgio Chittolini, The Italian City-State and Its Territory, in: Molho u. a. (Eds.), City-States, 589–602.

Carl Joachim Classen, Recht – Rhetorik – Politik. Untersuchungen zu Ciceros rhetorischer Strategie. Darmstadt 1985.

–, *Virtutes Romanorum* nach dem Zeugnis der Münzen republikanischer Zeit, in: MDAI(R) 93, 1986, 257–279 (= ders., Die Welt der Römer. Studien zu ihrer Literatur, Geschichte und Religion. Hrsg. v. Meinolf Vielberg. Berlin 1993, 39–61).

–, *Virtutes Romanorum*. Römische Tradition und griechischer Einfluß, in: Gymnasium 95, 1988, 289–302 (= ders., Zur Literatur und Gesellschaft der Römer. Stuttgart 1998, 243–254).

–, Römische Wertbegriffe im Alltag der Römer, in: AAntHung 40, 2000, 73–86.

Duncan Cloud, The Constitution and Public Criminal Law, in: CAH IX, 491–530.

David Cohen/Elisabeth Müller-Luckner (Hrsg.), Demokratie, Recht und soziale Kontrolle im klassischen Athen. München 2002.

Filippo Coarelli, Il sepolcro degli Scipioni, in: DdA 6, 1972, 36–106 (= ders., Revixit Ars, 179–238).

–, Revixit Ars. Arte e ideologia a Roma. Dai modelli ellenistici alla tradizione repubblicana. Rom 1996.

Mireille Corbier, L'écriture dans l'espace public romain, in: L'Urbs, 27–60.

–, Divorce and Adoption as Roman Familial Strategies (Le Divorce et l'adoption ,en plus'), in: Beryl Rawson (Ed.), Marriage, Divorce, and Children in Ancient Rome. Oxford 1991, 47–78.

Tim Cornell, The Recovery of Rome; The Conquest of Italy, in: CAH VII/2, 309–350; 351–419.

–, The Beginnings of Rome. Italy and Rome from the Bronze Age to the Punic Wars (c. 1000–264 BC). London 1995.

Raffaella Cosi, Le solidarietà politiche nella Repubblica romana. Bari 2002.

Marianne Coudry/Thomas Späth (Eds.), L'invention des grands hommes de la Rome antique. Die Konstruktion der großen Männer Altroms. Paris 2001.

Jon Coulston/Hazel Dodge (Eds.), Ancient Rome: The Archaeology of the Eternal City. Oxford 2000.

Michael Crawford, Die römische Republik. 5. Aufl. München 1994.

Werner Dahlheim, Struktur und Entwicklung des römischen Völkerrechts im dritten und zweiten Jahrhundert v. Chr. München 1968.

–, Gewalt und Herrschaft. Das provinziale Herrschaftssystem der römischen Republik. Berlin 1977.

–, Se dedere in fidem: Die Kapitulation im römischen Völkerrecht, in: RJ 10, 1991, 41–53.

Ute Daniel, „Kultur" und „Gesellschaft". Überlegungen zum Gegenstandsbereich der Sozialgeschichte, in: GG 19, 1993, 69–99.

–, Quo vadis, Sozialgeschichte? Kleines Plädoyer für eine hermeneutische Wende, in: Winfried Schulze (Hrsg.), Sozialgeschichte, Alltagsgeschichte, Mikro-Historie. Göttingen 1994, 54–64.

–, Clio unter Kulturschock. Zu den aktuellen Debatten der Geschichtswissenschaft. T. I–II, in: GWU 48, 1997, 195–219, 259–278.

–, Kompendium Kulturgeschichte. Theorien, Praxis, Schlüsselwörter. Frankfurt am Main 2001.

Jean-Michel David, „Eloquentia popularis" et conduites symboliques des orateurs de la fin de la République: problèmes d'efficacité, in: QS 12, 1980, 171–211.

–, Du Comitium à la Roche Tarpéienne. Sur certains rituels d'exécution capitale sous la République, les règnes d'Auguste et de Tibère, in: Du châtiment dans la cité. Supplices corporels et peine de mort dans le monde antique. Rom 1984, 131–175.

–, Compétence sociale et compétence oratoire à la fin de la République:

Apprendre à rassembler, in: Edmond Frézouls (Ed.), La mobilité sociale dans le monde romain. Straßburg 1992, 7–19.

–, Le patronat judiciaire au dernier siècle de la République romaine. Rom 1992.

–, The Roman Conquest of Italy. Oxford 1996 (zuerst franz.: La Romanisation de l'Italie. Paris 1994).

–, La République romaine de la deuxième guerre punique à la bataille d'Actium (218–31). Paris 2000.

–, I luoghi della politica dalla Repubblica all'Impero, in: Andrea Carandini (Ed.), Storia di Roma dall'antichità a oggi. Rom 2000, 57–83.

Jürgen Deininger, Die antike Stadt als Typus bei Max Weber, in: Werner Dahlheim/Wolfgang Schuller/Jürgen von Ungern-Sternberg (Hrsg.), Festschrift Robert Werner zu seinem 65. Geburtstag. Konstanz 1989, 269–289.

Carl Deroux (Ed.), Studies in Latin Literature and Roman History. Vol. 1 ff. Brüssel 1978 ff.

Lowell Dittmer, Political Culture and Political Symbolism: Toward a Theoretical Synthesis, in: World Politics 29, 1977, 552–583.

Christine Döbler, Politische Agitation und Öffentlichkeit in der späten Republik. Frankfurt am Main 1999.

Gert Dressel, Historische Anthropologie. Eine Einführung. Wien 1996.

Hans Drexler, Politische Grundbegriffe der Römer. Darmstadt 1988.

Andrew Drummond, Early Roman *clientes*, in: Wallace-Hadrill (Ed.), Patronage, 89–115.

–, Rome in the Fifth Century II: the Citizen Community, in: CAH VII/2, 172–242.

Richard van Dülmen, Historische Kulturforschung zur Frühen Neuzeit. Entwicklung – Probleme – Aufgaben, in: GG 21, 1995, 403–429.

Florence Dupont, L'acteur-roi ou le théâtre dans la Rome antique. Paris 1985.

Donald C. Earl, The Moral and Political Tradition of Rome. Ithaca 1967

Werner Eck, Altersangaben in senatorischen Grabinschriften: Standeserwartungen und ihre Kompensation, in: ZPE 43, 1981, 127–134.

–, Senatorial Self-Representation: Developments in the Augustan Period, in: Fergus Millar/Erich Segal (Eds.), Caesar Augustus. Seven Aspects. Oxford 1984, 129–167.

–, Elite und Leitbilder in der römischen Kaiserzeit, in: Jürgen Dummer/ Meinolf Vielberg (Hrsg.), Leitbilder der Spätantike – Eliten und Leitbilder. Stuttgart 1999, 31–55.

–, Auf der Suche nach Personen und Persönlichkeiten: *Cursus honorum* und Biographie, in: Konrad Vössing (Hrsg.), Biographie und Prosopographie. Fschr. Anthony R. Birley. Düsseldorf 2003 (im Druck).

Murray Edelman, Politik als Ritual. Die symbolische Funktion staatlicher Institutionen und politischen Handelns. Frankfurt am Main 1990 (zuerst engl. 1964 und 1971).

Walter Eder, Der Bürger und sein Staat – Der Staat und seine Bürger. Eine Einführung zum Thema Staat und Staatlichkeit in der frühen römischen Republik, in: ders. (Hrsg.), Staat und Staatlichkeit, 12–32.

–, Who Rules? Power and Participation in Athens and Rome, in: Molho u. a. (Eds.), City-States, 169–196.

–, Republicans and Sinners: The Decline of the Roman Republic and the End of a Provisional Arrangement, in: Wallace/Harris (Eds.), Transitions to Empire, 439–461.

– (Hrsg.), Staat und Staatlichkeit in der frühen römischen Republik. Stuttgart 1990.

Catharine Edwards, Writing Rome. Textual Approaches to the City. Cambridge 1996.

–, Incorporating the Alien: the Art of Conquest, in: dies./Woolf (Eds.), Rome, 44–70.

Catharine Edwards/Greg Woolf (Eds.), Rome the Cosmopolis. Cambridge 2003.

Catharine Edwards/Greg Woolf, Cosmopolis: Rome as World City, in: dies. (Eds.), Rome, 1–20.

Peter Eich, Zur Metamorphose des politischen Systems Roms in der Kaiserzeit. Eine Studie über Hierarchie als Strukturprinzip historischer Bürokratien. Diss. Köln 2002.

Ulrich Eigler/Nino Luraghi/Uwe Walter (Hrsg.), Formen römischer Geschichtsschreibung von den Anfängen bis Livius. Gattungen – Autoren – Kontexte. Darmstadt 2003.

Claude Eilers, Roman Patrons of Greek Cities. Oxford 2002.

Werner Eisenhut, Virtus Romana. Ihre Stellung im römischen Wertsystem. München 1973.

Richard J. Evans, Fakten und Fiktionen. Über die Grundlagen historischer Erkenntnis. Frankfurt am Main 1999 (zuerst engl. 1997).

Elaine Fantham, The Contexts and Occasions of Roman Public Rhetoric, in: William J. Dominik (Ed.), Roman Eloquence. Rhetoric in Society and Literature. London 1997, 111–128.

–, Meeting the People: the Orator and the Republican *contio*, in: Lucia Calboli Montefusco (Ed.), Papers on Rhetoric III. Bologna 2000, 95–112.

Diane Favro, The Street Triumphant: The Urban Impact of Roman Triumphal Parades, in: dies./Zeynep Celik/Richard Ingersoll (Eds.), Streets. Critical Perspectives on Public Space. Berkeley 1994, 151–164.

–, The City Is a Living Thing: The Performative Role of an Urban Site in Ancient Rome, the Vallis Murcia, in: Bergmann/Kondoleon (Eds.), Art of Ancient Spectacle, 205–219.

J. Rufus Fears, The Theology of Victory at Rome: Approches and Problems, in: ANRW II.17/2, 1981, 736–826.

–, The Cult of Virtues and Roman Imperial Ideology, in: ANRW II.17/2, 1981, 827–948.

Gary M. Feinman/Joyce Marcus (Eds.), Archaic States. Santa Fe 1998.

Andrew Feldherr, Spectacle and Society in Livy's *History*. Berkeley 1998.

Moses I. Finley, Democracy Ancient and Modern. London 1973.

–, Die antike Wirtschaft. München 1977.

–, The Ancient City: From Fustel de Coulanges to Max Weber and Beyond, in: CSSH 19, 1977, 305–327 (= ders., Economy and Society in Ancient Greece. Ed. by Brent D. Shaw, Richard P. Saller. London 1981, 3–23).

–, Politics in the Ancient World. Cambridge 1983 (dt. Ausgabe: Das politische Leben in der antiken Welt. München 1986).

–, Max Weber und der griechische Stadtstaat, in: Kocka (Hrsg.), Max Weber, der Historiker, 90–106.

Egon Flaig, Politisierte Lebensführung und ästhetische Kultur. Eine semiotische Untersuchung am römischen Adel, in: HA 1, 1993, 193–217.

–, Im Schlepptau der Masse. Politische Obsession und historiographische Konstruktion bei Jacob Burckhardt und Theodor Mommsen, in: RJ 12, 1993, 405–442.

–, Repenser le politique dans la République romaine, in: Actes de la Recherche en Sciences Sociales 105, 1994, 13–25.

–, Entscheidung und Konsens. Zu den Feldern der politischen Kommu-

nikation zwischen Aristokratie und Plebs, in: Jehne (Hrsg.), Demokratie, 77–127.

–, Die *Pompa Funebris*. Adlige Konkurrenz und annalistische Erinnerung in der Römischen Republik, in: Otto Gerhard Oexle (Hrsg.),
Memoria als Kultur. Göttingen 1995, 115–148.

–, Volkssouveränität ohne Repräsentation. Zum *Römischen Staatsrecht*
von Theodor Mommsen, in: Wolfgang Küttler/Jörn Rüsen/Ernst
Schulin (Hrsg.), Geschichtsdiskurs 3: Die Epoche der Historisierung.
Stuttgart 1997, 321–339.

–, War die römische Volksversammlung ein Entscheidungsorgan? Institution und soziale Praxis, in: Blänkner/Jussen (Hrsg.), Institutionen
und Ereignis, 49–73.

–, Kinderkrankheiten der Neuen Kulturgeschichte, in: RJ 18, 1999,
458–476.

–, Über die Grenzen der Akkulturation. Wider die Verdinglichung des
Kulturbegriffs, in: Vogt-Spira/Rommel (Hrsg.), Rezeption und Identität, 81–112.

–, Kulturgeschichte ohne historische Anthropologie, in: IJCT 7/2, 2000,
226–244.

–, Warum die Triumphe die römische Republik ruiniert haben – oder:
Kann ein politisches System an zuviel Sinn zugrunde gehen?, in: Hölkeskamp u. a. (Hrsg.), Sinn (in) der Antike, 299–313.

–, Ritualisierte Politik. Zeichen, Gesten und Herrschaft im Alten Rom.
Göttingen 2003.

Harriet I. Flower, Ancestor Masks and Aristocratic Power in Roman
Culture. Oxford 1996.

–, ,Memories' of Marcellus. History and Memory in Roman Republican
Culture, in: Eigler u. a. (Hrsg.), Formen, 39–52.

Gérard Freyburger, FIDES. Étude sémantique et religieuse depuis les
origines à l'époque augustéenne. Paris 1986.

Johannes Fried, Erinnerung und Vergessen. Die Gegenwart stiftet die
Einheit der Vergangenheit, in: HZ 273, 2001, 561–593.

Bernard Frischer, *Monumenta et Arae Honoris Virtutisque Causa*: Evi-
dence of Memorials for Roman Civic Heroes, in: BCAR 88, 1982/83,
51–86.

Gerhard Fröhlich, Kapital, Habitus, Feld, Symbol. Grundbegriffe der
Kulturtheorie bei Pierre Bourdieu, in: Mörth/Fröhlich (Hrsg.), Das
symbolische Kapital, 31–54.

Manfred Fuhrmann, Rhetorik und öffentliche Rede. Über die Ursachen des Verfalls der Rhetorik im ausgehenden 18. Jh. Konstanz 1983.

Emilio Gabba, Il consenso popolare alla politica espansionistica romana fra III e il II sec. a.C., in: Harris (Ed.), Imperialism, 115–129.

–, Democrazia a Roma, in: Athenaeum 85, 1997, 266–271.

Hans Arnim Gärtner, Politische Moral bei Sallust, Livius und Tacitus, in: AAntHung 40, 2000, 101–112.

Hans-Joachim Gehrke, Aktuelle Tendenzen im Fach Alte Geschichte, in: GPD 21, 1993, 216–222.

–, Zwischen Altertumswissenschaft und Geschichte. Zur Standortbestimmung der Alten Geschichte am Ende des 20. Jahrhunderts, in: Schwinge (Hrsg.), Wissenschaften, 160–196.

Matthias Gelzer, Die Nobilität der römischen Republik. Leipzig 1912 (= ders., Kleine Schriften I, 17–135; Neuausgabe hrsg. v. Jürgen von Ungern-Sternberg. Stuttgart 1982).

–, Die römische Gesellschaft zur Zeit Ciceros, in: Neue Jahrbücher 23, 1920, 1–27 (= ders., Kleine Schriften I, 154–185).

–, Die Entstehung der Nobilität, in: HZ 123, 1921, 1–13 (= ders., Kleine Schriften I, 186–195).

–, Rez: *Scullard*, Roman Politics, in: Historia 1, 1950, 634–642 (= ders., Kleine Schriften I, 200–210).

–, Kleine Schriften. Bd. 1. Hrsg. v. Hermann Strasburger, Christian Meier. Wiesbaden 1962.

Geschichtliche Grundbegriffe. Ein Lexikon zur politisch-sozialen Sprache. Hrsg. v. *Otto Brunner, Werner Conze, Reinhart Koselleck.* Bd. 1–8. Stuttgart 1972–1997.

Ingrid Gilcher-Holtey, Kulturelle und symbolische Praktiken: das Unternehmen Pierre Bourdieu, in: Hardtwig/Wehler (Hrsg.), Kulturgeschichte Heute, 111–130.

Luca Giuliani, Bildnis und Botschaft. Hermeneutische Untersuchungen zur Bildkunst der römischen Republik. Frankfurt am Main 1986.

Burkhard Gladigow, Die sakralen Funktionen der Liktoren. Zum Problem von institutioneller Macht und sakraler Präsentation, in: ANRW I 2, 1972, 295–314.

Gerhard Göhler (Hrsg.), Die Eigenart der Institutionen. Zum Profil politischer Institutionentheorie. Baden-Baden 1994.

Gerhard Göhler (Hrsg.), Institution – Macht – Repräsentation. Wofür politische Institutionen stehen und wie sie wirken. Baden-Baden 1997.

Gerhard Göhler/Rudolf Speth, Symbolische Macht. Zur institutionen-theoretischen Bedeutung von Pierre Bourdieu, in: Blänkner/Jussen (Hrsg.), Institutionen und Ereignis, 17–48.

Frank Goldmann, Nobilitas als Status und Gruppe – Überlegungen zum Nobilitätsbegriff der römischen Republik, in: Spielvogel (Hrsg.), Res publica reperta, 45–66.

Andreas Goltz, Maiestas sine viribus – Die Bedeutung der Lictoren für die Konfliktbewältigungsstrategien römischer Magistrate, in: Linke/Stemmler (Hrsg.), *Mos maiorum,* 237–267.

Robert Griffeth/Carol G. Thomas (Eds.) The City-State in Five Cultures. Santa Barbara 1981.

Karl Groß, Art. „Gravitas", in: RAC 12, 1983, 752–779.

Erich S. Gruen, The Exercise of Power in the Roman Republic, in: Molho u. a. (Eds.), City-States, 251–267.

–, Culture and National Identity in Republican Rome. Ithaca 1992.

–, The Roman Oligarchy: Image and Perception, in: Linderski (Ed.), *Imperium,* 215–234.

Herbert Grziwotz, Das Verfassungsverständnis der römischen Republik. Ein methodischer Versuch. Frankfurt am Main 1985.

Antonio Guarino, La democrazia a Roma. Neapel 1979.

Jonathan Haas, The Evolution of the Prehistoric State. New York 1982.

Andreas Haltenhoff, Wertbegriff und Wertbegriffe, in: Braun u. a. (Hrsg.), *Moribus antiquis,* 16–29.

Franz Hampl, Das Problem des Aufstiegs Roms zur Weltmacht. Neue Bilanz unter methodisch-kritischen Aspekten, in: ders., Geschichte als kritische Wissenschaft. Bd. 3. Hrsg. v. Ingomar Weiler. Darmstadt 1977, 48–119.

Mogens H. Hansen (Ed.), A Comparative Study of Thirty City-State Cultures. Kopenhagen 2000.

–, (Ed.), A Comparative Study of Six City-State Cultures. Kopenhagen 2002.

William V. Harris, War and Imperialism in Republican Rome, 327–70 B.C. Oxford 1979, Ndr. 1985, 1992.

–, Current Directions in the Study of Roman Imperialism, in: ders. (Ed.), Imperialism, 13–34.

–, On Defining the Political Culture of the Roman Republic, in: CPh 85, 1990, 288–294.

–, (Ed.), The Imperialism of Mid-Republican Rome. Rom 1984.

Wolfgang Hardtwig/Hans-Ulrich Wehler (Hrsg.), Kulturgeschichte Heute. Göttingen 1996.

Christoph Hatscher, Charisma und Res publica. Max Webers Herrschaftssoziologie und die römische Republik. Stuttgart 2000.

Heinz-Gerhard Haupt/Jürgen Kocka, Historischer Vergleich: Methoden, Aufgaben, Probleme. Ein Einleitung, in: dies. (Hrsg.), Geschichte und Vergleich, 9–45.

–, (Hrsg.), Geschichte und Vergleich. Ansätze und Ergebnisse international vergleichender Geschichtsschreibung. Frankfurt am Main 1996.

Joseph Hellegouarc'h, Le vocabulaire latin des relations et des partis politiques sous la république. Paris 1963, Ndr. 1972.

John Henderson, Figuring Out Roman Nobility. Juvenal's Eighth *Satire*. Exeter 1997.

Alfred Heuss, Theodor Mommsen und das 19. Jahrhundert. Kiel 1956, Ndr. Stuttgart 1996.

–, Das Zeitalter der Revolution, in: ders./Golo Mann (Hrsg.), Rom. Die römische Welt. (Propyläen Weltgeschichte, Bd. 4.) Berlin 1963, 175–316.

–, Max Webers Bedeutung für die Geschichte des griechisch-römischen Altertums, in: HZ 201, 1965, 529–556 (= ders., Gesammelte Schriften. Bd. 3. Stuttgart 1995, 1835–1862).

–, Römische Geschichte. 4. Aufl. Braunschweig 1976, Ndr. Paderborn 1998.

Karl-Joachim Hölkeskamp, Die Entstehung der Nobilität. Studien zur sozialen und politischen Geschichte der Römischen Republik im 4. Jhdt. v. Chr. Stuttgart 1987.

–, Die Entstehung der Nobilität und der Funktionswandel des Volkstribunats: die historische Bedeutung der *lex Hortensia de plebiscitis*, in: AKG 70, 1988, 271–312.

–, Senat und Volkstribunat im frühen 3. Jh. v. Chr., in: Eder (Hrsg.), Staat und Staatlichkeit, 437–457.

–, Conquest, Competition and Consensus: Roman Expansion in Italy and the Rise of the *Nobilitas*, in: Historia 42, 1993, 12–39.

–, *Oratoris maxima scaena*. Reden vor dem Volk in der politischen Kultur der Republik, in: Jehne (Hrsg.), Demokratie, 11–49.

–, *Exempla* und *mos maiorum*. Überlegungen zum kollektiven Gedächtnis der Nobilität, in: Hans-Joachim Gehrke/Astrid Möller (Hrsg.), Vergangenheit und Lebenswelt. Soziale Kommunikation, Traditionsbildung und historisches Bewußtsein. Tübingen 1996, 301–338.

–, Zwischen „System" und „Geschichte" – Theodor Mommsens *Staats-recht* und die römische „Verfassung" in Frankreich und Deutschland, in: Hinnerk Bruhns/Jean-Michel David/Wilfried Nippel (Hrsg.), Die späte römische Republik. La fin de la République romaine. Paris 1997, 93–111.

–, Römische *gentes* und griechische Genealogien, in: Vogt-Spira/Rommel (Hrsg.), Rezeption und Identität, 3–21.

–, The Roman Republic: Government of the People, by the People, for the People? (Rez.: *Millar*, Crowd), in: SCI 19, 2000, 203–223.

–, *Fides – deditio in fidem – dextra data et accepta*. Recht, Religion und Ritual in Rom, in: Christer Bruun (Ed.), The Roman Middle Republic. Politics, Religion, and Historiography c. 400–133 B.C. Rom 2000, 223–250.

–, Capitol, Comitium und Forum. Öffentliche Räume, sakrale Topographie und Erinnerungslandschaften der römischen Republik, in: Stefan Faller (Hrsg.), Studien zu antiken Identitäten. Würzburg 2001, 97–132.

–, Fact(ions) or Fiction? Friedrich Münzer and the Aristocracy of the Roman Republic – then and now, in: IJCT 8/1, 2001 (2002), 92–105.

–, Nomos, Thesmos und Verwandtes. Vergleichende Überlegungen zur Konzeptualisierung geschriebenen Rechts im Klassischen Griechenland, in: Cohen/Müller-Luckner (Hrsg.), Demokratie, 115–146.

–, Institutionalisierung durch Verortung. Die Entstehung der Öffentlichkeit im frühen Griechenland, in: Hölkeskamp u.a. (Hrsg.), Sinn (in) der Antike, 81–104.

–, Under Roman Roofs: Family, House, and Household, in: Harriet Flower (Ed.), The Cambridge Companion to the Roman Republic. New York 2003 (im Druck).

Karl-Joachim Hölkeskamp/Jörn Rüsen/Elke Stein-Hölkeskamp/Heinrich Th. Grütter (Hrsg.), Sinn (in) der Antike. Orientierungssysteme, Leitbilder und Wertkonzepte im Altertum. Mainz 2003.

Tonio Hölscher, Die Anfänge römischer Repräsentationskunst, in: MDAI (R) 85, 1978, 315–357.

–, Die Geschichtsauffassung in der römischen Repräsentationskunst, in: JDAI 95, 1980, 265–321.

–, Die Bedeutung der Münzen für das Verständnis der politischen Repräsentationskunst der späten römischen Republik, in: Proceedings of the Ninth International Congress of Numismatics I. Luxemburg 1982, 269–282.

–, Staatsdenkmal und Publikum. Vom Untergang der Republik bis zur Festigung des Kaisertums in Rom. Konstanz 1984.

–, Römische Bildsprache als semantisches System. (Abh. der Heidelberger Akad. der Wiss. 1987, Nr. 2.) Heidelberg 1987.

–, Römische Nobiles und hellenistische Herrscher, in: Akten des XIII. Internationalen Kongresses für Klassische Archäologie Berlin 1988. Mainz 1990, 73–84.

–, Bilderwelt, Formensystem, Lebenskultur. Zur Methode archäologischer Kulturanalyse, in: SIFC 3a ser. 10, 1992, 460–484.

–, Klassische Archäologie am Ende des 20. Jahrhunderts: Tendenzen, Defizite, Illusionen, in: Schwinge (Hrsg.), Wissenschaften, 197–228.

–, Öffentliche Räume in frühen griechischen Städten. Heidelberg 1998.

–, Aus der Frühzeit der Griechen. Räume – Körper – Mythen. Stuttgart 1998.

–, Die Alten vor Augen. Politische Denkmäler und öffentliches Gedächtnis im republikanischen Rom, in: Melville (Hrsg.), Institutionalität, 183–211.

–, Körper, Handlung und Raum als Sinnfiguren in der griechischen Kunst und Kultur, in: Hölkeskamp u. a. (Hrsg.), Sinn (in) der Antike, 163–192.

Peter J. Holliday, The Origins of Roman Historical Commemoration in the Visual Arts. Cambridge 2002.

Keith Hopkins, Conquerors and Slaves. Cambridge 1978.

–, From Violence to Blessing: Symbols and Rituals in Ancient Rome, in: Molho u. a. (Eds.), City-States, 479–498.

Keith Hopkins/Graham Burton, Political Succession in the Late Republic, in: Keith Hopkins, Death and Renewal. Cambridge 1983, 31–119.

Tanja Itgenshorst, Tota illa pompa. Der Triumph in der römischen Republik (in Vorbereitung).

Mary Jaeger, Livy's Written Rome. Ann Arbor 1997.

Martin Jehne, Geheime Abstimmung und Bindungswesen in der römischen Republik, in: HZ 257, 1993, 593–613.

– (Hrsg.), Demokratie in Rom? Die Rolle des Volkes in der Politik der römischen Republik. Stuttgart 1995.

–, Einführung: Zur Debatte um die Rolle des Volkes in der römischen Politik, in: ders. (Hrsg.), Demokratie, 1–9.

–, Die Beeinflussung von Entscheidungen durch „Bestechung": Zur Funktion des *ambitus* in der römischen Republik, in: ders. (Hrsg.), Demokratie, 51–76.

–, Rednertätigkeit und Statusdissonanzen in der späten römischen Republik, in: Christoff Neumeister/Wulf Raeck (Hrsg.), Rede und Redner. Bewertung und Darstellung in den antiken Kulturen. Möhnesee 2000, 167–189.

–, Jovialität und Freiheit. Zur Institutionalität der Beziehungen zwischen Ober- und Unterschichten in der römischen Republik, in: Linke/Stemmler (Hrsg.), *Mos maiorum*, 207–235.

–, Integrationsrituale in der römischen Republik. Zur einbindenden Wirkung der Volksversammlungen, in: Gianpaolo Urso (Ed.), Integrazione, mesolanza, rifiuto. Incontri di popoli, lingue e culture in Europa dall' Antichità all'Umanesimo. Rom 2001, 89–113 (aktualisierter Ndr. in: Hölkeskamp u. a. [Hrsg.], Sinn [in] der Antike, 279–297).

Wolfgang Kaschuba, Kulturalismus: Kultur statt Gesellschaft?, in: GG 21, 1995, 80–95.]

J. M. Kelly, Roman Litigation. Oxford 1966.

Wilhelm Kierdorf, Laudatio funebris. Interpretationen und Untersuchungen zur Entwicklung der römischen Leichenrede. Meisenheim 1980.

Jürgen Kocka (Hrsg.), Max Weber, der Historiker. Göttingen 1986.

Thomas Köves-Zulauf, *Virtus* und *pietas*, in: AAntHung 40, 2000, 247–262.

Frank Kolb, Zur Statussymbolik im antiken Rom, in: Chiron 7, 1977, 239–259.

–, Sozialgeschichtliche Begriffe und antike Gesellschaft am Beispiel der Hohen Kaiserzeit, in: Bericht über die 33. Versammlung deutscher Historiker in Würzburg 1980. (Beih. zu GWU.) Stuttgart 1982, 131–132.

–, Rom. Die Geschichte der Stadt in der Antike. 2. Aufl. München 2002.

Michael Koortbojian, A Painted *Exemplum* at Rome's Temple of Liberty, in: JRS 92, 2002, 33–48.

Reinhart Koselleck, Vergangene Zukunft. Zur Semantik geschichtlicher Zeiten. Frankfurt am Main 1979.

–, Sozialgeschichte und Begriffsgeschichte, in: Wolfgang Schieder/Volker Sellin (Hrsg.), Sozialgeschichte in Deutschland. Entwicklungen und Perspektiven im internationalen Zusammenhang. Bd. 1. Göttingen 1986, 89–109.

Peter Kruschwitz, Carmina Saturnia Epigraphica. Einleitung, Text und Kommentar zu den saturnischen Versinschriften. Stuttgart 2002.

Wolfgang Kunkel, Bericht über neuere Arbeiten zur römischen Verfassungsgeschichte I, in: ZRG RA 72, 1955, 288–325 (= ders., Kleine Schriften, 441–478).

–, Gesetzesrecht und Gewohnheitsrecht in der Verfassung der römischen Republik, in: Romanitas 9, 1971, 357–372 (= ders., Kleine Schriften, 367–382).

–, Magistratische Gewalt und Senatsherrschaft, in: ANRW I 2, 1972, 3–22.

–, Kleine Schriften zum römischen Strafverfahren und zur römischen Verfassungsgeschichte. Weimar 1974.

–, Theodor Mommsen als Jurist, in: Chiron 14, 1984, 369–380.

Wolfgang Kunkel/Roland Wittmann, Staatsordnung und Staatspraxis der römischen Republik. Bd. 2: Die Magistratur. München 1995.

Walter K. Lacey, Patria Potestas, in: Beryl Rawson (Ed.), The Family in Ancient Rome. Ithaca 1986, 121–144.

Götz Lahusen, Griechisches Pathos und römische Dignitas. Zu Formen bildlicher Selbstdarstellung der römischen Aristokratie in republikanischer Zeit, in: Vogt-Spira/Rommel (Hrsg.), Rezeption und Identität, 196–222.

Günter Laser, Populo et scaenae serviendum est. Die Bedeutung der städtischen Masse in der späten Römischen Republik. Trier 1997.

Peter Laslett, The Face to Face Society, in: ders. (Ed.), Philosophy, Politics and Society. First Series. Oxford 1956, 157–184.

Ray Laurence, Rumour and Communication in Roman Politics, in: G & R 41, 1994, 62–74.

–, Emperors, Nature and the City: Rome's Ritual Landscape, in: Edward Herring/Ruth Whitehouse/John Wilkins, The *Accordia* Research Papers = The Journal of the *Accordia* Research Centre 4, 1993, 79–87.

Jon Edward Lendon, Empire of Honour. The Art of Government in the Roman World. Oxford 1997.

L. Robert Lind, Concept, Action, and Character: the Reasons for Rome's Greatness, in: TAPhA 103, 1972, 235–283.

–, The Tradition of Roman Moral Conservatism, in: Deroux (Ed.), Studies, Vol. 1, 1979, 7–58.

–, The Idea of the Republic and the Foundations of Roman Political Liberty, in: Deroux (Ed.), Studies, Vol. 4, 1986, 44–108.

–, The Idea of the Republic and the Foundations of Roman Morality I, II, in: Deroux (Ed.), Studies, Vol. 5, 1989, 5–34 und Vol. 6, 1992, 5–40.

–, Thought, Life, and Literature at Rome: the Consolidation of Culture, in: Deroux (Ed.), Studies, Vol. 7, 1994, 5–71.

Jerzy Linderski (Ed.), *Imperium sine fine*. T. Robert S. Broughton and the Roman Republic. Stuttgart 1996.

Bernhard Linke/Michael Stemmler, Institutionalität und Geschichtlichkeit in der römischen Republik: Einleitende Bemerkungen zu den Forschungsperspektiven, in: dies. (Hrsg.), *Mos maiorum*, 1–23.

Bernhard Linke/Michael Stemmler (Hrsg.), *Mos maiorum*. Untersuchungen zu den Formen der Identitätsstiftung und Stabilisierung in der römischen Republik. Stuttgart 2000.

Andrew W. Lintott, Democracy in the Middle Republic, in: ZRG RA 104, 1987, 34–52.

–, Electoral Bribery in the Roman Republic, in: JRS 80, 1990, 1–16.

–, The Constitution of the Roman Republic. Oxford 1999.

Carola Lipp, Politische Kultur oder das Politische und Gesellschaftliche in der Kultur, in: Hardtwig/Wehler (Hrsg.), Kulturgeschichte Heute, 78–110.

Günther Lottes, „The State of the Art". Stand und Perspektiven der „intellectual history", in: Frank-Lothar Kroll (Hrsg.), Neue Wege der Ideengeschichte. Fschr. für Kurt Kluxen. Paderborn 1996, 27–45.

Ulrich von Lübtow, Das römische Volk. Sein Staat und sein Recht. Frankfurt am Main 1955.

Michael Mann, Geschichte der Macht. Bd. 1–2. Frankfurt am Main 1994, (engl. Orig.: The Sources of Social Power. A History of Power from the Beginning to A.D. 1760. Cambridge 1986).

Ulrich Manthe (Hrsg.), Die Rechtskulturen der Antike. Vom Alten Orient bis zum Römischen Reich. München 2003.

Arnaldo Marcone, Democrazie antiche. Istituzioni e pensiero politico. Rom 2002.

Anthony J. Marshall, Symbols and Showmanship in Roman Public Life: The *fasces*, in: Phoenix 38, 1984, 120–141.

Jochen Martin, Die Popularen in der Geschichte der späten Republik. Diss. phil. Freiburg 1965.

–, Aspekte antiker Staatlichkeit, in: Eder (Hrsg.), Staat und Staatlichkeit, 220–232.

–, Zwei Alte Geschichten. Vergleichende historisch-anthropologische Betrachtungen zu Griechenland und Rom, in: Saeculum 48, 1997, 1–20.

–, Formen sozialer Kontrolle im republikanischen Rom, in: Cohen/Müller-Luckner (Hrsg.), Demokratie, 155–172.

James M. May, Ciceronian Oratory in Context, in: ders. (Ed.), Companion, 49–70.

– (Ed.), Brill's Companion to Cicero. Oratory and Rhetoric. Leiden 2002.

Myles McDonnell, Un ballo in maschera: processions, portraits, and emotions, in: JRA 12, 1999, 541–552.

Hans Medick, Quo vadis, Historische Anthropologie? Geschichtsforschung zwischen Historischer Kulturwissenschaft und Mikro-Historie, in: HA 9, 2001, 78–92.

Christian Meier, Res publica amissa. Eine Studie zu Verfassung und Geschichte der römischen Republik. Wiesbaden 1966, 2. erw. Aufl. Frankfurt am Main 1980, Ndr. 1997.

–, Die *loca intercessionis* bei Rogationen. Zugleich ein Beitrag zum Problem der Bedingungen der tribunicischen Intercession, in: MH 25, 1968, 86–100.

–, Der Alltag des Historikers und die historische Theorie, in: Hans Michael Baumgartner/Jörn Rüsen (Hrsg.), Geschichte und Theorie. Umrisse einer Historik. Frankfurt am Main 1976, 36–58.

–, Der Wandel der politisch-sozialen Begriffswelt im 5. Jh. v. Chr., in: ABG 21, 1977, 7–41 (überarbeitet in: ders., Die Entstehung des Politischen bei den Griechen. Frankfurt am Main 1980, 275 ff.).

–, Rez.: *Bleicken*, Lex publica, in: ZRG RA 95, 1978, 378–390.

–, Fragen und Thesen zu einer Theorie historischer Prozesse, in: ders./Karl-Georg Faber (Hrsg.), Historische Prozesse. Theorie der Geschichte. (Beiträge zur Historik, Bd. 2.) München 1978, 11–66.

–, Introduction à l'anthropologie politique de l'Antiquité classique. Paris 1984.

–, Die Ersten unter den Ersten des Senats. Beobachtungen zur Willensbildung im römischen Senat, in: Dieter Nörr/Dieter Simon (Hrsg.),

Gedächtnisschrift für Wolfgang Kunkel. Frankfurt am Main 1984, 185–204.

–, (Hrsg.), Die Okzidentale Stadt nach Max Weber. Zum Problem der Zugehörigkeit in Antike und Mittelalter. (HZ, Beihefte, NF., Bd. 17.) München 1994.

–, Aktueller Bedarf an historischen Vergleichen: Überlegungen aus dem Fach der Alten Geschichte, in: Haupt/Kocka (Hrsg.), Geschichte und Vergleich, 239–270.

Gert Melville, Institutionen als geschichtswissenschaftliches Thema. Eine Einleitung, in: ders. (Hrsg.), Institutionen und Geschichte, 1–24.

– (Hrsg.), Institutionen und Geschichte. Theoretische Aspekte und mittelalterliche Befunde. Köln 1992.

– (Hrsg.), Institutionalität und Symbolisierung. Verstetigungen kultureller Ordnungsmuster in Vergangenheit und Gegenwart. Köln 2001.

Francesca Mencacci, Genealogia metaforica e *maiores* collettivi. Prospettive antropologiche sulla costruzione dei *viri illustres*, in: Coudry/Späth (Ed.), L'invention des grands hommes, 421–437.

Thomas Mergel/Thomas Welskopp, Geschichtswissenschaft und Gesellschaftstheorie, in: dies. (Hrsg.), Geschichte zwischen Kultur und Gesellschaft, 9–35.

–, (Hrsg.), Geschichte zwischen Kultur und Gesellschaft. Beiträge zur Theoriedebatte. München 1997.

Ernst Meyer, Römischer Staat und Staatsgedanke. 3. Aufl. Zürich 1964.

Robert Michels, Zur Soziologie des Parteiwesens in der modernen Demokratie. Untersuchungen über die oligarchischen Tendenzen des Gruppenlebens. 4. Aufl. Stuttgart 1989 (zuerst Leipzig 1911).

Gary B. Miles, Livy. Reconstructing Early Rome. Ithaca 1995.

Fergus Millar, The Political Character of the Classical Roman Republic, in: JRS 74, 1984, 1–19 (= ders., Rome, 109–142).

–, Politics, Persuasion, and the People before the Social War (150–90 B.C.), in: JRS 76, 1986, 1–11 (= ders., Rome, 143–161).

–, Political Power in Mid-Republican Rome: Curia or Comitium?, in: JRS 79, 1989, 138–150 (= ders., Rome, 85–108).

–, Popular Politics at Rome in the Late Republic, in: Irad Malkin/Zeev W. Rubinsohn (Eds.), Leaders and Masses in the Roman World. Studies in Honor of Zvi Yavetz. Leiden 1995, 91–113 (= ders., Rome, 162–182).

–, The Last Century of the Republic: Whose History?, in: JRS 85, 1995, 236–243 (= ders., Rome, 200–214).

–, The Crowd in Rome in the Late Republic. Ann Arbor 1998.

–, Rome, the Greek World, and the East. Vol. 1: The Roman Republic and the Augustan Revolution. Ed. by Hannah M. Cotton, Guy M. Rogers. Chapel Hill 2002.

–, The Roman Republic in Political Thought. Hanover 2002.

Ingo Mörth/Gerhard Fröhlich (Hrsg.), Das symbolische Kapital der Lebensstile. Zur Kultursoziologie der Moderne nach Pierre Bourdieu. Frankfurt am Main 1994.

K. M. Moir, The Epitaph of Publius Scipio, in: CQ NS. 36, 1986, 264–266.

Anthony Molho/Kurt Raaflaub/Julia Emlen (Eds.), City-States in Classical Antiquity and Medieval Italy. Stuttgart 1991.

Theodor Mommsen, Römisches Staatsrecht. Bd. 1–3. 2./3. Aufl. Leipzig 1887/88.

Timothy J. Moore, Artistry and Ideology: Livy's Vocabulary of Virtue. Frankfurt am Main 1989.

Robert Morstein-Marx, Publicity, Popularity and Patronage in the *Commentariolum Petitionis*, in: CA 17, 1998, 259–288.

Henrik Mouritsen, *Plebs* and Politics in the Late Roman Republic. Cambridge 2001.

Claude Moussy, Gratia et sa famille. Paris 1966.

Friedrich Münzer, Römische Adelsparteien und Adelsfamilien. Stuttgart 1920, Ndr. Darmstadt 1963 (engl. Übers.: Roman Aristocratic Parties and Families. Transl. by Thérèse Ridley. Baltimore 1999).

Edward Muir, Civic Ritual in Renaissance Venice. Princeton 1981.

–, Ritual in Early Modern Europe. Cambridge 1997.

Fritz-Heiner Mutschler, Norm und Erinnerung: Anmerkungen zur sozialen Funktion von historischem Epos und Geschichtsschreibung im 2. Jh. v. Chr., in: Braun u. a. (Hrsg.), *Moribus antiquis*, 87–124.

Deborah L. Nichols/Thomas H. Charlton (Eds.), The Archaeology of City-States. Cross-Cultural Approaches. Washington 1997.

Claude Nicolet, The World of the Citizen in Republican Rome. Berkeley 1980 (zuerst franz. 1976).

–, Polybe et la „constitution" de Rome: aristocratie et démocratie, in: ders. (Ed.), *Demokratia*, 15–35.

–, Les ordres romains: définition, recrutement et fonctionnement, in: ders. (Ed.), Des ordres à Rome. Paris 1984, 7–21.

– (Ed.), *Demokratia* et *Aristokratia*. À propos de Caius Gracchus: mots grecs et réalités romaines. Paris 1983.

Wilfried Nippel, Mischverfassungstheorie und Verfassungsrealität in Antike und früher Neuzeit. Stuttgart 1980.

–, Sozialanthropologie und Alte Geschichte, in: Christian Meier/Jörn Rüsen (Hrsg.), Historische Methode. (Theorie der Geschichte. Beiträge zur Historik, Bd. 5.) München 1988, 300–318.

–, Introductory Remarks: Max Weber's „The City" Revisited, in: Molho u. a. (Eds.), City-States, 19–30.

–, Die Kulturbedeutung der Antike. Marginalien zu Weber, in: Kocka (Hrsg.), Max Weber, der Historiker, 112–118.

–, Einleitung, in: Weber, Wirtschaft und Gesellschaft, Teilbd. 5, 1–43.

–, From Agrarian History to Cross-Cultural Comparisons: Weber on Greco-Roman Antiquity, in: Stephen Turner (Ed.), The Cambridge Companion to Weber. Cambridge 2000, 240–255.

Dieter Nörr, Aspekte des römischen Völkerrechts. Die Bronzetafel von Alcántara. (Abhandlungen der Bayerischen Akademie der Wissenschaften, Philosophisch-historische Klasse, NF. 101.) München 1989.

John North, The Development of Roman Imperialism, in: JRS 71, 1981, 1–9.

–, Democratic Politics in Republican Rome, in: P & P 126, 1990, 3–21.

–, Politics and Aristocracy in the Roman Republic, in: CPh 85, 1990, 277–287.

–, Introduction: Pursuing Democracy, in: Alan K. Bowman/Hannah M. Cotton/Martin Goodman/Simon Price (Eds.), Representations of Empire. Rome and the Mediterranean World. Oxford 2002, 1–12.

Stephen Oakley, The Roman Conquest of Italy, in: Rich/Shipley (Eds.), War and Society, 9–37.

–, A Commentary on Livy, Books VI–X. Vol. 2. Oxford 1998.

Otto Gerhard Oexle, Aspekte der Geschichte des Adels im Mittelalter und in der Frühen Neuzeit, in: Hans-Ulrich Wehler (Hrsg.), Europäischer Adel 1750–1950. (GG, Sonderh. 13.) Göttingen 1990, 19–56.

–, Geschichte als Historische Kulturwissenschaft, in: Hardtwig/Wehler (Hrsg.), Kulturgeschichte Heute, 14–40.

–, Nach dem Streit. Anmerkungen über ‚Makro-' und ‚Mikrohistorie', in: RJ 14, 1995, 191–200.

Mario Pani, La politica in Roma antica. Rom 1997.

Holt N. Parker, The Observed of All Observers: Spectacle, Applause, and Cultural Poetics in the Roman Theater Audience, in: Bergmann/ Kondoleon (Eds.), Art of Ancient Spectacle, 163–179.

John R. Patterson, The City of Rome: From Republic to Empire, in: JRS 82, 1992, 186–215.

–, Political Life in the City of Rome. London 2000.

Francisco Pina Polo, Contra Arma Verbis. Der Redner vor dem Volk in der späten römischen Republik. Stuttgart 1996.

Viktor Pöschl, Politische Wertbegriffe in Rom, in: A & A 26, 1980, 1–17 (= ders., Vergangenheit, 189–208, mit Ergänzungen).

–, Der Begriff der Würde im antiken Rom und später, in: SB der Heidelberger Akademie der Wissenschaften 1989, Nr. 3. Heidelberg 1989 (= ders., Vergangenheit, 209–274, mit Ergänzungen).

–, Lebendige Vergangenheit. Kleine Schriften. Bd. 3. Hrsg. v. Wolf-Lüder Liebermann. Heidelberg 1995.

Jonathan Powis, Aristocracy. Oxford 1984 (dt. Ausgabe 1986).

Nicholas Purcell, The City of Rome and the plebs urbana, in: CAH IX, 644–688.

Friedemann Quaß, Zum Einfluß der römischen Nobilität auf das Honoratiorenregime in den Städten des griechischen Ostens, in: Hermes 112, 1984, 199–215.

Kurt Raaflaub, Freiheit in Athen und Rom: Ein Beispiel divergierender politischer Begriffsentwicklung in der Antike, in: HZ 238, 1984, 529–567.

–, Die Entdeckung der Freiheit. Zur historischen Semantik und Gesellschaftsgeschichte eines politischen Grundbegriffes der Griechen. München 1985.

–, Expansion und Machtbildung in frühen Polis-Systemen, in: Eder (Hrsg.), Staat und Staatlichkeit, 511–545.

–, City-State, Territory, and Empire in Classical Antiquity, in: Molho u. a. (Eds.), City-States, 565–588.

–, Born to Be Wolves? Origins of Roman Imperialism, in: Wallace/Harris (Eds.), Transitions to Empire, 273–314.

–, Zwischen Adel und Volk. Freiheit als Sinnkonzept in Griechenland und Rom, in: Hölkeskamp u. a. (Hrsg.), Sinn (in) der Antike, 55–80.

- (Ed.), Social Struggles in Archaic Rome. New Perspectives on the Conflict of the Orders. Berkeley 1986.

J. Michael Rainer, Einführung in das römische Staatsrecht. Darmstadt 1997.

Ulrich Raulff (Hrsg.), Mentalitäten-Geschichte. Zur historischen Rekonstruktion geistiger Prozesse. Berlin 1987.

Elizabeth Rawson, The Eastern Clientelae of Clodius and the Claudii, in: Historia 22, 1973, 219–239 (= dies., Papers, 102–124).

–, More on the Clientelae of the Patrician Claudii, in: Historia 26, 1977, 340–357 (= dies., Papers, 227–244).

–, Roman Culture and Society. Collected Papers. Oxford 1991.

Karl-Siegbert Rehberg, Die stabilisierende „Fiktionalität" von Präsenz und Dauer. Institutionelle Analyse und historische Forschung, in: Blänkner/Jussen (Hrsg.), Institutionen und Ereignis, 381–407.

Rolf Reichardt, Historische Semantik zwischen *lexicométrie* und *New Cultural History*, in: ders. (Hrsg.), Aufklärung und historische Semantik. Interdisziplinäre Beiträge zur westeuropäischen Kulturgeschichte. (ZHF, Beih. 21.) Berlin 1998, 7–28.

Sven Reichardt, Bourdieu für Historiker? Ein kultursoziologisches Angebot an die Sozialgeschichte, in: Mergel/Welskopp (Hrsg.), Geschichte zwischen Kultur und Gesellschaft, 71–93.

Wolfgang Reinhard, Geschichte der Staatsgewalt. Eine vergleichende Verfassungsgeschichte Europas von den Anfängen bis zur Gegenwart. München 1999.

John Rich, Patronage and Interstate Relations in the Roman Republic, in: Wallace-Hadrill (Ed.), Patronage, 117–135.

–, Fear, Greed and Glory: the Causes of Roman War-Making in the Middle Republic, in: ders./Shipley (Eds.),War and Society, 38–68.

John Rich/Graham Shipley (Eds.), War and Society in the Roman World. London 1993.

John S. Richardson, Imperium Romanum: Empire and the Language of Power, in: JRS 81, 1991, 1–9.

Lawrence Richardson Jr., Urban Development in Ancient Rome and the Impact of Empire, in: Molho u. a. (Eds.), City-States, 381–402.

Melvin Richter, The History of Political and Social Concepts. A Critical Introduction. New York 1995.

Andrew M. Riggsby, Crime and Community in Ciceronian Rome. Austin 1999,

–, The *Post reditum* Speeches, in: May (Ed.), Companion, 159–195.

Rolf Rilinger, Die Interpretation des Niedergangs der römischen Republik durch „Revolution" und „Krise ohne Alternative", in: AKG 64, 1982, 279–306.

–, Moderne und zeitgenössische Vorstellungen von der Gesellschaftsordnung der römischen Kaiserzeit, in: Saeculum 36, 1985, 299–325.

–, *Ordo* und *dignitas* als soziale Kategorien der römischen Republik, in: Manfred Hettling/Claudia Huerkamp/Paul Nolte/Hans-Walter Schmuhl (Hrsg.), Was ist Gesellschaftsgeschichte? Positionen, Themen, Analysen. München 1991, 81–90.

Renaud Robert, Quelques usages romains du portrait peint à l'époque médio-républicaine, in: Clara Auvray-Assayas (Ed.), Images romaines. Paris 1998, 73–89.

Karl Rohe, Politische Kultur und ihre Analyse. Probleme und Perspektiven der politischen Kulturforschung, in: HZ 250, 1990, 321–346.

Matthew B. Roller, Constructing Autocracy. Aristocrats and Emperors in Julio-Claudian Rome. Princeton 2001.

Lily Ross Taylor, Roman Voting Assemblies. From the Hannibalic War to the Dictatorship of Caesar. Ann Arbor 1966.

Jörg Rüpke, Domi militiae. Die religiöse Konstruktion des Krieges in Rom. Stuttgart 1990.

–, Räume literarischer Kommunikation in der Formierungsphase römischer Literatur, in: Braun u. a. (Hrsg.), *Moribus antiquis*, 31–52.

Jörn Rüsen/Karl-Joachim Hölkeskamp, Einleitung: Warum es sich lohnt, mit der Sinnfrage die Antike zu interpretieren, in: Hölkeskamp u. a. (Hrsg.), Sinn (in) der Antike, 1–15.

Walter G. Runciman, Origins of States: The Case of Archaic Greece, in: CSSH 24, 1982, 351–377.

–, Capitalism without Classes: the Case of Classical Rome, in: BJS 34, 1983, 157–179.

Frank Ryan, Rank and Participation in the Republican Senate. Stuttgart 1998.

Joseph Rykwert, The Idea of a Town. The Anthropology of Urban Form in Rome, Italy and the Ancient World. London 1976.

Richard P. Saller, Personal Patronage under the Early Empire. Cambridge 1982.

–, Patriarchy, Property and Death in the Roman Family. Cambridge 1994.

Thomas Schäfer, Imperii Insignia. Sella curulis und Fasces. Zur Repräsentation römischer Magistrate. Mainz 1989.

Wolfgang Christian Schneider, Vom Handeln der Römer. Kommunikation und Interaktion der politischen Führungsschicht vor Ausbruch des Bürgerkriegs im Briefwechsel mit Cicero. Zürich 1998.

Wolfgang Schuller, Ambitus. Einige neue Gesichtspunkte, in: Hyperboreus 6, 2000, Heft 2, 349–361.

Raimund Schulz, Herrschaft und Regierung. Roms Regiment in den Provinzen in der Zeit der Republik. Paderborn 1997.

Ernst-Richard Schwinge (Hrsg.) Die Wissenschaften vom Altertum am Ende des 2. Jahrtausends n. Chr. Stuttgart 1995.

Howard H. Scullard, Roman Politics, 220–150 B.C. Oxford 1951, 2. Aufl. 1973.

Markus Sehlmeyer, Stadtrömische Ehrenstatuen der republikanischen Zeit. Historizität und Kontext von Symbolen nobilitären Standesbewußtseins. Stuttgart 1999.

–, Die kommunikative Leistung römischer Ehrenstatuen, in: Braun u. a. (Hrsg.), *Moribus antiquis,* 271–284.

Volker Sellin, Mentalität und Mentalitätsgeschichte, in: HZ 241, 1985, 555–598.

–, Mentalitäten in der Sozialgeschichte, in: ders./Wolfgang Schieder (Hrsg.), Sozialgeschichte in Deutschland. Entwicklungen und Perspektiven im internationalen Zusammenhang. Bd. 3. Göttingen 1987, 101–121.

Israel Shatzman, Senatorial Wealth and Roman Politics. Brüssel 1975.

Reinhard Sieder, Sozialgeschichte auf dem Weg zu einer historischen Kulturwissenschaft?, in: GG 20, 1994, 445–468.

Michael Sikora, Der Sinn des Verfahrens. Soziologische Deutungsangebote, in: Stollberg-Rilinger (Hrsg.), Verfahren, 25–51.

Georg Simmel, Soziologie. Untersuchungen über die Formen der Vergesellschaftung. Hrsg. v. Otthein Rammstedt. (Georg Simmel – Gesamtausgabe, Bd. 11.) Frankfurt am Main 1992.

R. R. R. Smith, The Use of Images: Visual History and Ancient History, in: T. P. Wiseman (Ed.), Classics in Progress. Essays on Ancient Greece and Rome. Oxford 2002, 59–102.

Martin Spannagel, Zur Vergegenwärtigung abstrakter Wertbegriffe in Kult und Kunst der römischen Republik, in: Braun u. a. (Hrsg.), *Moribus antiquis,* 237–269.

Jörg Spielvogel (Hrsg.), Res publica reperta. Zur Verfassung und Gesellschaft der römischen Republik und des frühen Prinzipats (Fschr. Jochen Bleicken). Stuttgart 2002.

John E. Stambaugh, The Ancient Roman City. Baltimore 1988.

Chester Starr, Past and Future in Ancient History. Lanham 1987.

Ernest St. Staveley, Greek and Roman Voting and Elections. London 1972.

Elke Stein-Hölkeskamp, Adelskultur und Polisgesellschaft. Studien zum griechischen Adel in archaischer und klassischer Zeit. Stuttgart 1989.

Michael Stemmler, Auctoritas exempli. Zur Wechselwirkung von kanonisierten Vergangenheitsbildern und gesellschaftlicher Gegenwart in der spätrepublikanischen Rhetorik, in: Linke/Stemmler (Hrsg.), *Mos maiorum*, 141–205.

–, Institutionalisierte Geschichte. Zur Stabilisierungsleistung und Symbolizität historischer Beispiele in der Redekultur der römischen Republik, in: Melville (Hrsg.), Institutionalität, 219–240.

Roberta Stewart, Public Office in Early Rome. Ritual Procedure and Political Practice. Ann Arbor 1998.

Barbara Stollberg-Rilinger (Hrsg.) Vormoderne politische Verfahren. Berlin 2001.

–, Einleitung, in: Stollberg-Rilinger (Hrsg.), Verfahren, 9–24.

Ronald Syme, Die römische Revolution. Revidierte Neuausgabe. Hrsg. v. Christoph Selzer u. Uwe Walter. Stuttgart 2003 (zuerst engl. Oxford 1939).

–, Oligarchy at Rome: A Paradigm for Political Science, in: ders., Roman Papers, Vol. 6, 323–337.

–, Dynastic Marriages in the Roman Aristocracy, in: ders., Roman Papers, Vol. 6, 338–345.

–, Roman Papers. Vol. 6. Ed. by Anthony R. Birley. Oxford 1991.

Yan Thomas, Rom: Väter als Bürger in einer Stadt der Väter, in: André Burguière/Christiane Klapisch-Zuber/Martine Segalen/Françoise Zonabend (Hrsg.), Geschichte der Familie. Bd. 1: Altertum. Frankfurt am Main 1996 (zuerst franz. 1986), 277–326.

Gabriele Thome, Zentrale Wertvorstellungen der Römer I–II. Bamberg 2000.

Richard C. Trexler, Public Life in Renaissance Florence. Ithaca 1994 (zuerst 1980).

L'Urbs. Espace urbain et histoire (Ier siècle av. J.-C. – IIIe siècle ap. J.-C.). Rom 1987.

Ann Vasaly, Representations. Images of the World in Ciceronian Oratory. Berkeley 1993.

Jean-Pierre Vernant, Die Entstehung des griechischen Denkens. Frankfurt am Main 1982 (zuerst franz. 1962).

Friedrich Vittinghoff, Soziale Struktur und politisches System der Hohen römischen Kaiserzeit (zuerst 1980), in: ders., Civitas Romana. Stadt und politisch-soziale Integration im Imperium Romanum der Kaiserzeit. Hrsg. v. Werner Eck. Stuttgart 1994, 253–271.

–, Gesellschaft, in: Wolfram Fischer u. a. (Hrsg.), Handbuch der europäischen Wirtschafts- und Sozialgeschichte. Bd. 1: Europäische Wirtschafts- und Sozialgeschichte in der römischen Kaiserzeit. Hrsg. v. Friedrich Vittinghoff. Stuttgart 1990, 161–369.

Edward Ch. L. van der Vliet, Early Rome and the Early State, in: Eder (Hrsg.), Staat und Staatlichkeit, 233–257.

Gregor Vogt-Spira/Bettina Rommel (Hrsg.), Rezeption und Identität. Die kulturelle Auseinandersetzung Roms mit Griechenland als europäisches Paradigma. Stuttgart 1999.

Hans Vorländer/Gert Melville, Geltungsgeschichten und Institutionengeltung. Einleitende Aspekte, in: dies. (Hrsg.), Geltungsgeschichten. Über die Stabilisierung und Legitimierung institutioneller Ordnungen. Köln 2002, IX–XV.

Robert W. Wallace/Edward M. Harris (Eds.), Transitions to Empire. Essays in Greco-Roman History 360–146 B.C., in Honor of E. Badian. Norman 1996.

Andrew Wallace-Hadrill, Patronage in Roman Society: from Republic to Empire, in: ders. (Ed.), Patronage, 63–87.

–, Rome's Cultural Revolution (Rezension zu *Zanker*, Augustus), in: JRS 79, 1989, 157–164.

–, Roman Arches and Greek Honours: the Language of Power at Rome, in: PCPhS 36, 1990, 143–181.

– (Ed.), Patronage in Ancient Society. London 1989.

Uwe Walter, Der Begriff des Staates in der griechischen und römischen Geschichte, in: Theodora Hantos/Gustav Adolf Lehmann (Hrsg.), Althistorisches Kolloquium aus Anlaß des 70. Geburtstages von Jochen Bleicken. Stuttgart 1998, 9–27.

–, Die Botschaft des Mediums. Überlegungen zum Sinnpotential von Historiographie im Kontext der römischen Geschichtskultur zur Zeit der Republik, in: Melville (Hrsg.), Institutionalität, 241–279.

–, Der Historiker in seiner Zeit: Ronald Syme und die Revolution des Augustus, in: Spielvogel (Hrsg.), Res publica reperta, 137–152.

–, AHN MACHT SINN. Familientradition und Familienprofil im republikanischen Rom, in: Hölkeskamp u. a. (Hrsg.), Sinn (in) der Antike, 255–278.

Allen M. Ward, The Roman Republic, in: Ancient History: Recent Work and New Directions. Directed by Carol G. Thomas. Claremont 1997, 54–78.

Max Weber, Wirtschaft und Gesellschaft. Grundriß der verstehenden Soziologie. 5. Aufl., besorgt v. Johannes Winckelmann. Tübingen 1976.

–, Wirtschaft und Gesellschaft. Die Wirtschaft und die gesellschaftlichen Ordnungen und Mächte. Nachlaß. Teilbd. 5: Die Stadt. Hrsg. v. Wilfried Nippel. (Max Weber Gesamtausgabe, Abt. I, Bd. 22/5.) Tübingen 1999.

Jane Webster/Nicholas J. Cooper (Eds.), Roman Imperialism: Post-Colonial Perspectives. Leicester 1996.

Karl-Wilhelm Welwei, Das klassische Athen. Demokratie und Machtpolitik im 5. und 4. Jahrhundert. Darmstadt 1999.

–, Die frührömische Klientel im Spiegel der Überlieferung, in: ZRG RA 118, 2001, 220–233.

–, Demokratische Verfassungselemente in Rom aus der Sicht des Polybios, in: Spielvogel (Hrsg.), Res publica reperta, 25–35.

Robert Werner, Das Problem des Imperialismus und die römische Ostpolitik im zweiten Jahrhundert v. Chr., in: ANRW I/1, 1972, 501–563.

Franz Wieacker, Vom römischen Recht. Zehn Versuche. 2. Aufl. Stuttgart 1961.

–, Römische Rechtsgeschichte, Erster Abschnitt: Einleitung, Quellenkunde, Frühzeit und Republik. München 1988.

Sean Wilentz (Ed.), Rites of Power. Symbolism, Ritual, and Politics since the Middle Ages. Philadelphia 1985.

Helmut Willke, Funktionen und Konstitutionsbedingungen des normativen Systems der Gruppe, in: KZSS 28, 1976, 426–450.

Pierre Willems, Le Sénat de la République romaine. Löwen 1878–1885, Ndr. Aalen 1968.

Aloys Winterling, ‚Staat', ‚Gesellschaft' und politische Integration in der römischen Kaiserzeit, in: Klio 83, 2001, 93–112.

Barbara Wisch/Susan Scott Munshower (Eds.), „All the world's a stage..." Art and Pageantry in the Renaissance and Baroque. Part 1: Triumphal Celebrations and the Rituals of Statecraft. University Park 1990.

Clemens Wischermann (Hrsg.), Die Legitimität der Erinnerung und die Geschichtswissenschaft. Stuttgart 1996.

T. Peter Wiseman, Legendary Genealogies in Late-Republican Rome, in: G & R 21, 1974, 153–164 (= ders., Roman Studies, Literary and Historical. Liverpool 1987, 207–218).

–, Clio's Cosmetics. Leicester 1979.

–, Competition and Co-operation, in: ders. (Ed.), Roman Political Life 90 B.C.–A.D. 69. Exeter 1985, 3–19.

–, Catullus and His World. A Reappraisal. Cambridge 1985.

Georg Wissowa, Religion und Kultus der Römer. 2. Aufl. München 1912.

Peter Witzmann, Kommunikative Leistungen von Weih-, Ehren- und Grabinschriften: Wertbegriffe und Wertvorstellungen in Inschriften vorsullanischer Zeit, in: Braun u. a. (Hrsg.), *Moribus antiquis*, 55–86.

Alexander Yakobson, Elections and Electioneering in Rome. A Study in the Political System of the Late Republic. Stuttgart 1999.

Annapaola Zaccaria Ruggiu, Spazio privato e spazio pubblico nella città romana. Rom 1995.

Paul Zanker, Augustus und die Macht der Bilder. München 1987.

–, Nouvelles orientations de la recherche en iconographie, in: RArch 1994/2 (1995), 281–293.

–, Bild-Räume und Betrachter im kaiserzeitlichen Rom, in: Borbein u. a. (Hrsg.), Klassische Archäologie, 205–226.